Information
ーインフォメーションー

早稲田アカデミー
各イベントのご紹介です。
お気軽にお問い合わせください。

中1・中2・中3
志望校別模試
早稲アカだからできる規模・レベル・内容

中3　早慶附属高受験者の登竜門　有料
早慶実戦オープン模試
10/28（日）
早慶進学 保護者説明会 同時開催
テスト 9：00〜12：15　授業 13：00〜15：00
早慶附属高対策用問題集配布（詳しい解説付）

中3　本番そっくり・特別授業実施・5科　有料
開成実戦オープン模試
10/20（土）
開成進学 保護者説明会 同時開催
テスト 8：30〜13：50　授業 14：00〜15：30

中3　課題発見。最後の早慶合格判定模試　有料
早慶ファイナル模試
11/24（土）　テスト 9：00〜12：15

中3　記述重視・特別授業実施・3科　有料
慶女実戦オープン模試
10/20（土）
慶女進学 保護者説明会 同時開催
テスト 9：00〜12：30　授業 13：10〜15：30

中3　国立附属の一般と内部進学対応・5科　有料
国立実戦オープン模試
10/8（祝）
理社フォローアップテキストを無料配布
テスト 9：00〜14：30

中2　記述重視　中2対象　無料
開成・国立Jr.実戦オープン模試
9/8（土）　3科・5科選択可
保護者説明会 同時開催（予定）
（中1・中2生の保護者対象）

中3　筑駒高校合格へ向けての課題がわかります！　有料
筑駒実戦オープン模試
11/4（日）
テスト 9：20〜14：45
筑駒入試セミナー（生徒・保護者対象）15:00〜16:30

中2　記述重視　中2対象　無料
慶女・国立Jr.実戦オープン模試
9/8（土）　3科・5科選択可
保護者説明会 同時開催（予定）
（中1・中2生の保護者対象）

中1 中2　開成・国立附属・早慶附属を目指す中1・中2対象　有料
難関チャレンジ公開模試
12/2（日）
【3科】英・数・国　8:30〜11:30（予定）
【5科】英・数・国・理・社　8:30〜12:45（予定）

中3　作文コース
公立高校の記述問題にも対応
国語の総合力がアップ

演習主体の授業＋徹底添削で、作文力・記述力を徹底強化！

推薦入試のみならず、一般入試においても「作文」「小論文」「記述」の出題割合は年々増加傾向にあります。たとえば開成の記述、慶應女子の600字作文、早大学院の1200字小論文や都県立の作文・小論文が好例です。本講座では高校入試突破のために必要不可欠な作文記述の“エッセンス”を、ムダを極力排した「演習主体」のカリキュラムと、中堅校から最難関校レベルにまで対応できる新開発の教材、作文指導の“ツボ”を心得た講師陣の授業・個別の赤ペン添削指導により、お子様の力量を合格レベルまで引き上げます。また作文力を鍛えることで、読解力・記述式設問の解答能力アップも高いレベルで期待できます。

- 9月〜12月（月4回授業）
- 毎　週　月・火・水・木・金・土のいずれか（校舎によって異なります）
- 時　間　17：00〜18：30
- 入塾金　21,000円（基本コース生は不要）
- 授業料　12,000円／1ヶ月（教材費を含みます）

9月開講
受付中

「日曜特訓講座」「志望校別模試」「作文コース」に関するお申し込み・お問い合わせは最寄りの
早稲田アカデミーまたは **本部教務部 03（5954）1731** まで

お気軽にお問い合わせください。
早稲アカ紹介DVDお送りします

早稲田アカデミー

中2・3対象 日曜特訓講座

お申し込み受付中
お近くの早稲田アカデミー各校舎までお気軽にどうぞ

一回合計５時間の「弱点単元集中特訓」！

難問として入試で問われることの多い“単元”は、なかなか得点源にできないものですが、その一方で解法やコツを会得してしまえば大きな武器になります。早稲田アカデミーの日曜特訓は、お子様の「本気」に応える、テーマ別集中特訓講座。選りすぐりの講師陣が、日曜日の合計５時間に及ぶ授業で「分かった！」という感動と自信を、そして揺るぎない得点力をお子様にお渡しいたします。

早稲田アカデミー
イメージキャラクター
伊藤萌々香（Fairies）

中２必勝ジュニア　中２対象

「まだ中2だから……」なんて、本当にそれでいいのでしょうか。もし、君が高校入試で開成・国立附属・早慶などの難関校に『絶対に合格したい！』と思っているならば、「本気の学習」に早く取り組んでいかなくてはいけません。大きな目標である『合格』を果たすには、言うまでもなく全国トップレベルの実力が必要となります。そして、その実力は、自らがそのレベルに挑戦し、自らが努力しながらつかみ取っていくべきものなのです。合格に必要なレベルを知り、トップレベルの問題に対応できるだけの柔軟な思考力を養うことが何よりも重要です。さあ、中2の今だからこそトライしていこう！

科目…英語・数学　時間…13：30 ～ 18：45
日程…9/16、30、10/14、11/11、12/9、1/20

中３日曜特訓　中３対象

いよいよ入試まであと残りわずかとなりました。入試に向けて、最後の追い込みをしていかなくてはいけません。ところが「じゃあ、いったい何をやればいいんだろう？」と、考え込んでしまうことが多いものです。

そんな君たちに、早稲田アカデミーはこの『日曜特訓講座』をフル活用してもらいたいと思います。１学期の日曜特訓が、中１～中２の復習を踏まえた基礎力の養成が目的であったのに対し、２学期の日曜特訓は入試即応の実戦的な内容になっています。また、近年の入試傾向を徹底的に分析した結果、最も出題されやすい単元をズラリとそろえていますから、参加することによって確実に入試での得点力をアップさせることができるのです。よって、現在の自分自身の学力をよく考えてみて、少しでも不安のある単元には積極的に参加するようにしてください。１日たった５時間の授業で、きっとスペシャリストになれるはずです。さあ、志望校合格を目指してラストスパート！

科目…英語・数学・理社　時間…13：30 ～ 18：45
日程…9/9、16、10/7、21、11/11、18、12/2、9

一流中学
高校受験

早稲田アカデミー

The University of Tokyo
Vol.019
text by Tommy

東大への近道

状況に合ったアドバイスで夏終盤を闘っていこう

こんにちは。夏本番で暑さが厳しい毎日が続きますが、夏バテしていませんか？　屋内にいても暑さで水分が失われるので、勉強中もこまめに給水しましょう。

さて、夏休みも折り返しを過ぎてしまいましたが、学校の宿題は終わりましたか？　2期制の場合は夏休み明けに期末試験が控えていますが、準備は万全ですか？　おそらく順調な人とピンチを迎えている人と2極化していることだと思います。

そこで今回は「夏終盤の闘い方」と題して、それぞれの状況に合ったアドバイスをしていきたいと思います。

まずは第1部、夏の課題を順調にこなしているというみなさんへのアドバイスとして「ライバルの1歩先行く学習法」をお話しします。

自由に使える時間が多い夏こそ、みなさんには「乱読（濫読）」に挑戦してほしいと思います。

乱読とは、なりふりかまわずできるだけ多くの書物を読むことをさします。東大には「乱読ゼミ」といって、1冊でも多くの本を読むという勉強会があるほど有名な勉強法の1つです。

急いで読むので細かく内容を把握できないというデメリットもありますが、それ以上に多くの情報を得られるというメリットがあります。

さらに、乱読を繰り返すと情報処理能力が格段に向上するのです。同じ時間勉強しても、人より多くの内容を学べるようになれれば怖いものなしですよね。

もう1つ乱読を通して学びたい力は「わからないことに耐える能力」です。学生が新聞をあまり読まない理由の1つは、わからない内容が多いからだと言われます。

しかし、世の中にはわからないことの方が多いのですから、わからなくとも我慢して読み続ける力は、学ぶうえで最重要な力です。余裕のある夏休み中に、ぜひさまざまな本にぶつかってみましょう。

それでは、第2部として宿題と試験勉強に追われるみなさんへ「ピンチをチャンスに変える方法」をお話ししましょう。

「夏休みは宿題も計画的に、勉強も効率よくこなしていこう」と意気込んだのも遠い昔、ついつい時間がとれなくて今日まで過ごしてしまったという人もそう少なくはないはずです。

そんなみなさんへ送る1つ目のアドバイスは「始めた瞬間からが勝負」ということです。

嫌だと思って遠ざけているといつまで経っても進みません。やらなかった過去はいったん忘れ、この瞬間からが勝負だと思って、なによりもまずは取り組み始めましょう。

2つ目として、「すべてを50点まで仕上げる」ということです。

時間がないなかで1点集中するのはとても危険です。どの教科もまずは半分くらい仕上げることでノウハウ（やりかた）を獲得すると、一気に作業効率があがります。

最後に読んでくださった全員にメッセージです。

夏以降、とくに受験生にとっては慌ただしい日々が続きます。同時に最も実力が伸びる時期でもありますので体調管理はとても大切です。この夏休みに目一杯運動して体力をつけることも、後々の勉強に活きてきます。バランスのよい生活を送りましょう。

▶▶▶ この瞬間からが勝負

まだ間に合うぞ!! 本気の2学期

合格

夏休みが終われば いよいよ2学期の到来だ。受験生のなかには、夏休みまで学校やクラブチームでスポーツに打ち込んできて、これからどう頑張ればいいのか、本当に間に合うのかって心配している人もいるんじゃないかな。

そんな人たちに、同じような経験をした5人の先輩からの経験談とアドバイスをお届けしよう。

これを読んで、「本気の2学期」を過ごすべし!

都立青山高等学校
中村 知耶子さん

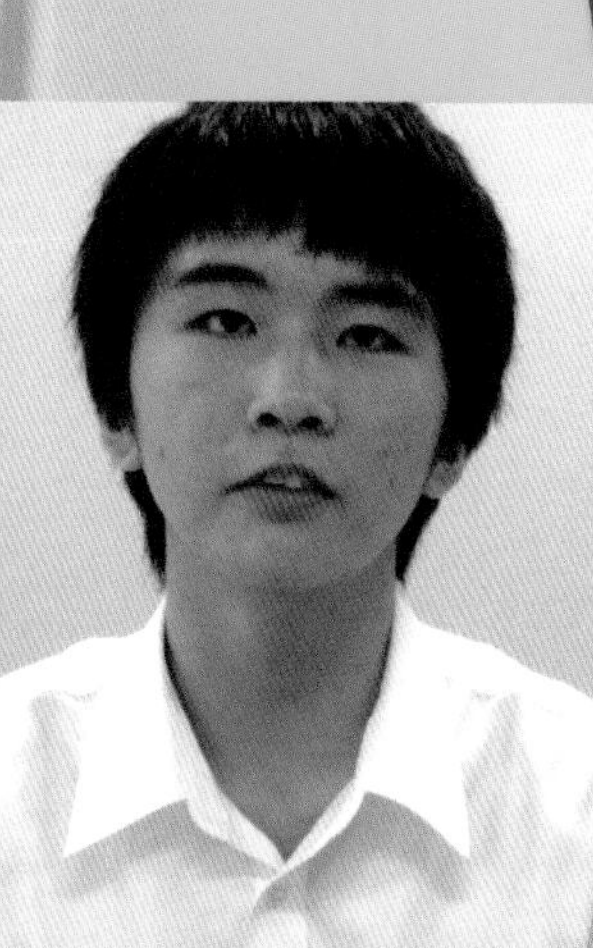

市川高等学校
梶山 卓磨くん

都立国立高等学校
乗田 宥くん

豊島岡女子学園
倉持 歩実さん

都立西高等学校
奥野 壮太くん

都立青山高等学校

中村(なかむら)知耶子(ちやこ)さん 高1

（中学校時代にしていたスポーツ 新体操）

練習は練習、勉強は勉強 時間がないぶん切り替えて

入試直前まで週2回は新体操の練習

私は4歳からずっと新体操をやっていて、学校の部活ではなく地域のクラブで練習していました。

練習は1日でも休むと筋肉が落ちてしまうので、基本的に毎日ありました。中3の夏までは週6～7日、土日は朝の9時から夜の9時まで、また夏休みは、午前中に塾に行って、午後から遅れて練習に行くような毎日でした。夏休み以降も週4～5日練習に通っていましたが、さすがに1月の直前期は週2日くらいにしていました。夏の大会では東京都の大会を通過し、関東大会に出場することができました。

兄が青山高校に通っていて、いい学校だと聞いていたこともあり、中3の夏に第1志望にしました。

受験勉強中は、練習は練習、勉強は勉強で切り替えはうまくできていたと思います。学校から帰ると30分だけ勉強して練習に行き、9時ごろ家に帰って、食事をしたあと2時間ぐらい勉強していました。練習がある日の方が、時間がないぶん切り替えてやろうという意識があり、逆に集中して勉強できていた気がします。

私はまとめノートを作って、勉強していました。ノートをまとめていくうちに覚えられるし、それだけだと不安なので赤シートで文字を隠して答えを書く作業を、3回くらい繰り返してやって、そのときに絶対覚える！ という意気込みで勉強していました。

家族の支えで乗り越えた勉強との両立の不安

新体操では関東大会に出場するという目標があったし、第1志望の高校にも合格したかったのですが、忙しすぎて不安になって、いっぱいいっぱいになったときもありましたね（笑）。みんなが練習しているのに自分は勉強もしなきゃいけないので、両方とも中途半端になってしまうのではないかと思い、すべてを投げ出したくなって、1人で布団のなかで泣いたこともよくありました。そんなときは家族が支えてくれました。とくに母が話を聞いてくれたり、アドバイスをしてくれたので、それがとても大きかったです ね。

私は特別なことをしたというよりは、日ごろの授業や、学校で習っていることを大切にすることで合格に結びついたのではないかと思います。これから受験に向かうみなさん、焦らず、自分の苦手なところを着実につぶして、新しい高校生活に向かって諦めないで、頑張ってほしいです。

市川高等学校 梶山卓磨（かじやまたくま）くん 高1

中学校時代にしていたスポーツ（軟式テニス）

問題集は「この1冊を極める」という気持ちで取り組もう!

3年生の夏までは毎日のようにあった部活

中学校では軟式テニス部でした。部活を引退したのは、中学3年の8月頭です。それまでは、平日は毎日練習がありました。週末も大体土日のどちらかで練習がありました。その場合は、朝から夕方までやっていましたね。もう片方の日は試合があったり、オフだったりでした。

一番の思い出は、2年生のときに市大会（千葉市）の団体戦で優勝したこと。ぼくはメンバーには入っていましたが、あまりプレーでは貢献できませんでした。でも自分たちのチームが優勝すると、応援しているだけでもこんなにうれしいんだと思うぐらいにうれしかったです。

部活をやりきったからこそスパッと切り替えられた

ぼくは中学受験に失敗したこともあり、高校受験では絶対に志望校に合格するんだ！という気持ちで中1の春から塾に通いながら部活動を続けていたんです。塾は1年の夏休みまでは週2日で、そこから3年になるまでは週3日。時間は2時間ぐらいでした。夏休みや冬休みは基本的に毎日塾があったので、部活がある日は睡魔との戦いです。練習が半日ぐらいあるような日も多かったので、家では寝ちゃいますから、勉強はとにかく塾でするようにしていました。

平日で塾がある日は、部活動が終わってから塾に行き、帰ってきてからその日の復習などをしていたのですが、2年になると勉強の方が疎かになって、両立がうまくできない時期もありました。

部活を引退すると、これまでは「部活頑張ったし今日はここまで」と自分のなかで言い訳していたけれど、それが使えなくなったので、やるしかないという気持ちになりました。部活を最後まで頑張ったからこそ、うまく切り替えられたというところはあると思います。11月に数学の成績があがらなくてスランプになったことがありましたが、このままだと安全圏を作るために、志望校で受けられない学校が出るぞと塾で言われて、もう悩んでいる時期じゃないぞ、とやるしかないんだと思えるようになりました。

受験勉強で意識したのは「問題集の使い方」ですね。ぼくは中学受験のときに、最後に何冊も問題集に手を出してしまった結果、すべて中途半端になった苦い経験がありました。そうならないように、2学期からでも各教科1冊ずつでいいので、「この1冊を極める」という気持ちで取り組むようにしてください。また、移動時間でもまめに単語帳を見るなど、時間の使い方も意識するとより効率的に勉強できますよ。

都立国立高等学校 乗田 宥くん 高1

（中学校時代にしていたスポーツ バスケットボール）

全国大会にも出たいし国立高校に入りたかったのでできるだけの努力はしようと思っていた

バスケットボールで全国大会に出場

中学ではバスケットボール部でした。1つ上の先輩が全国大会に出ていたので、自分たちも全国大会に出たいと頑張っていました。全国大会が8月20日ごろまであったので、夏休みは部活が中心の生活でした。

中2から塾に通い出し、中3の夏休みまでは平日は16時から19時までが部活で、そのあとに塾で22時過ぎまで勉強するという生活でした。中3では、週5日間塾に通っていたので、家で勉強するのは帰ってきてから、塾の宿題をちょっとやるくらいだけでした。なので、塾の宿題は学校の休み時間を使ってやっていました。みんなと遊びたい気持ちもありましたが、部活でバスケットボールを思いっきりできるし、塾の宿題をやっていかないと勉強が遅れてしまうので気持ちを切り替えていましたね。

塾の友だちが受験勉強の原動力に

ただ、部活を引退してからは、急に暇になった感じがして、なにをしたらいいかわからなくて、だらけてしまいました。塾の友だちは夏期講習に出てから受験モードになっていたのに、ぼくはだらだら過ごしてしまい、成績が落ちました。そこで、このままじゃヤバイと思って頑張り始めました。塾の宿題もすごく多くなっていたので、基本的には塾の勉強ばかりでした。塾のクラスでテストがあると順位が出るので、負けると悔しいから、勝ちたいと思って勉強しましたし、塾の友だちが受験勉強の原動力になりました。

国立高校を志望したのは、部活の仲のいい先輩が国立高校に進学したので、中3になったころから自分も行きたいと思っていました。目標を高く持つということを自分のなかで決めていました。もしかして無理かもしれないけれど、実際に行きたいと思ってそこをめざして勉強していると自然にレベルを高めていけると思います。

公式などなかなか覚えられなかったんですが、1度に覚えようとしないで、何度も同じ問題を解いて身体に染み込ませていくということを意識していました。同じ問題集を3～4回解いていましたね。

自分の場合は本気になるのは2学期からでも大丈夫でした。ただ、1学期にさぼっていいワケじゃなくて、それまでの積み重ねも大事になると思います。それまで築いた土台に気持ちを上乗せしていく感じです。

豊島岡女子学園高等学校 高1

倉持（くらもち） 歩実（あゆみ）さん

（中学校時代にしていたスポーツ 軟式テニス）

受験勉強に大切なのは勉強の質と集中力！

中学校では、軟式テニス部に所属していました。軟式テニスは、ダブルスでペアになった子と団結して試合に臨む部分などにやりがいを感じました。

部活動は月〜土曜日まで毎日あって、平日は朝7時半からの朝練と、放課後の練習がありました。土曜日は午前中です。練習は大変でしたが、部活は本当に楽しかったです。

部活をしていたときは週に3回塾に通っていたので、そこで勉強するという感じでした。塾は部活のあと、19時から22時ごろまでありました。また、中3の5月からは英語だけ別の塾に通い始めました。気持ちの切り替えは結構できる方だったので、部活のあとに塾へ行くのもそれほどつらいとは思いませんでした。

夏休みの500時間勉強で受験勉強のコツを学んだ

夏の大会が終わった7月末ごろに部活を引退し、本格的に受験勉強に取り組み始めました。夏休みだったので、塾の夏期講習にも参加しました。去年はちょうど姉も大学受験生で、姉といっしょに「夏休み中に500時間勉強しよう！」と決めて、がむしゃらに勉強しました。

500時間も勉強すれば秋ごろにはきっと成績があがるだろうと思っていましたが、全然伸びませんでした。いま思えば勉強時間ばかり気にして、内容を疎かにしていたんだと思います。その後、学校説明会に参加したり、受験に向けてクラスの雰囲気も変わってきたことなどからまたやる気が出てきて、今度は勉強内容にも気を配ってやりました。模試の判定は最後まで厳しかったのですが、コツコツ続ければきっと受験までには実力がつくだろうと思って頑張りました。

あれこれ手を出さず問題集は1冊に決める

2学期には、あれこれ何冊も問題集に手を出さず、数学はこれ、漢字はこれ、というように各教科それぞれ1冊に絞って勉強していました。得意科目は数学で、苦手科目は国語でした。国語は、問題の本文を集中して読み、じっくり考えて解くということを心掛けていました。

勉強の予定は1週間単位でスケジュールを立てて、そのとおりに実行していました。国語の長文問題は苦手だったので、1日2題勉強すると決め、また、英単語は1日10ページを目標にしていました。

部活動をやっていると勉強時間は少なくなってしまうかもしれませんが、勉強はただ時間をかけてやればいいのではなく、質が大事だと思います。少ない時間でも集中すれば2学期からでも大丈夫です！　頑張ってください。

都立西高等学校 奥野（おくの）壮太（そうた）くん

高1

（中学校時代にしていたスポーツ 陸上）

受験勉強は3年生の後期からスタート

中2の春休みに埼玉から東京に引っ越してきたのですが、それまでは帰宅部でした。陸上部に入りたかったけど、そのときの中学校にはなかったんです。転校した中学校に陸上部があったので、中3でしたがまだ遅くないと思って入部しました。陸上部では走り高跳びと100m×4のリレー走者でした。リレーでは関東大会にも出場しました。9月11日に走り高跳びの最後の大会があって、それで引退しました。

引退するまでは部活が6時ぐらいまであったのですが、家に帰ってからも勉強はほとんどしていませんでした。中2まででもそんな感じで、それまでの家での学習時間は平均して30分とかじゃないでしょうか（笑）。

ぼくが通っていた中学校は2学期制で、夏休みが明けてから前期の成績発表があったのですが、それが結構悪くて。しかも後期の中間テストの数学の点数が50点台だったんです。母親の出身校が都立西高だったことでなんとなく第1志望にしていたのですが、これでは無理だということに気づいてさすがに焦りました。ここから平日2～3日＋土曜日で塾に通い出したんです。

とりあえず基礎からと思い、家では1年以上溜めていた通信教育の教材をとにかくやって塾の冬期講習が始まる前に追いつきました。とにかく焦っていたので、家でも塾がない日は学校から帰ってきて2～3時間、日曜も遊びに行かず、4時間は必ず勉強するようになりました。

一番力を入れたのは数学です。図形が苦手だったので、塾では授業が終わるたびに先生に質問をしていました。

次が英語で、ぼくは三単現の"s"を付け忘れるとか、スペルを間違えるなどのもったいないミスが多かったので、長文問題などに出てくるわからなかった単語などを単語帳に書き込んで、繰り返し学習しました。

学校の休み時間に学校の宿題をやってしまえば時間が作れる

成績があがっていくのを感じられたのがよかった

最後まで頑張れたのは、成績があがっていくのがわかったことが大きいです。とくに数学はかなり下からのスタートだったので、テストの点数や偏差値などが目に見えてあがっていくのがうれしかったです。ぼくは成果がわからないとやる気が出ないので。

それでも結局は、苦手だった国語の作文と英語の英作文は克服できなかったので、割りきって解答しませんでした。それ以外で点数をしっかりとれたことが合格につながったと思います。焦りながらも基礎をしっかりやれたことがよかったのではないでしょうか。

Wayo Konodai Girls' High School

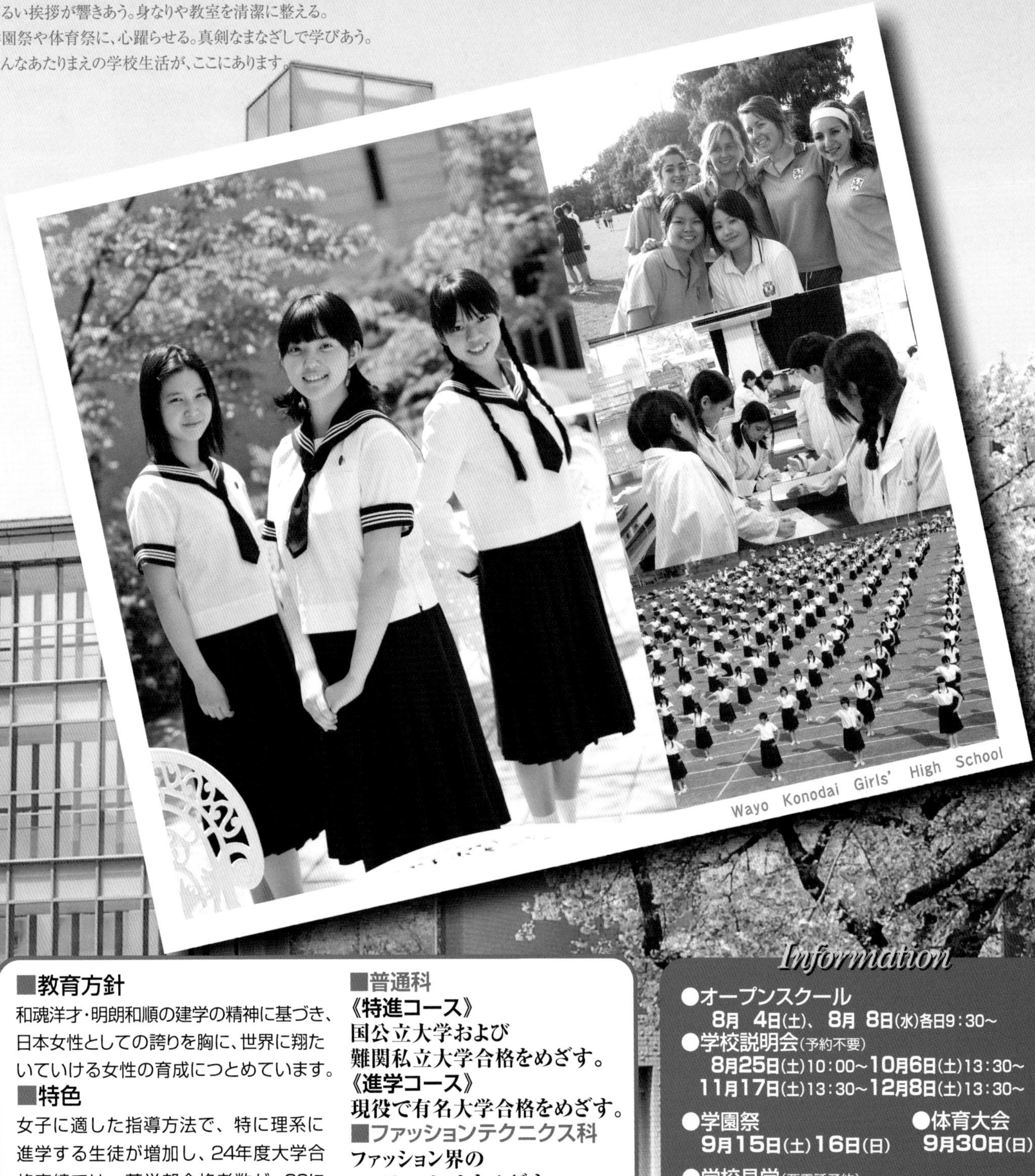

都県別

この学校が強い!! 運動部強豪校!!

「高校では運動部に入って頑張りたい！」と思っている人は多いのでは？
そんなみなさんのために、7つのスポーツで、
この夏のインターハイ都県予選（野球は昨年度全国高校野球選手権大会予選、
ラグビーは昨年度インターハイ）ベスト4に輝いた学校をご紹介します!!

No1

Baseball 野球

第93回全国高校野球選手権大会　予選

東京

男子

東東京		西東京
帝　京	優勝	日本大学第三
関東第一	準優勝	早稲田実業
二松学舎大学附属	ベスト4	日本大学鶴ヶ丘
成立学園	ベスト4	佼成学園

神奈川

男子

- 優勝　横　浜
- 準優勝　桐光学園
- ベスト4　向上
- ベスト4　桐蔭学園

千葉

男子

- 優勝　市立習志野
- 準優勝　東京学館浦安
- ベスト4　拓殖大学紅陵
- ベスト4　流通経済大学付属柏

埼玉

男子

- 優勝　花咲徳栄
- 準優勝　春日部共栄
- ベスト4　浦和学院
- ベスト4　本庄第一

Tennis（団体の部）
テニス

平成24年度全国高等学校総合体育大会　予選（団体）

	男子	女子
優勝	大　成	富士見丘
準優勝	早稲田実業	早稲田実業
ベスト4	堀越	大成
ベスト4	東海大学菅生	桐朋女子

	男子	女子
優勝	湘南工科大学附属	湘南工科大学附属
準優勝	慶應義塾	東海大学付属相模
ベスト4	法政大学第二	県立弥栄
ベスト4	東海大学付属相模	県立秦野

	男子	女子
優勝	秀明八千代	秀明八千代
準優勝	東京学館浦安	東京学館船橋
ベスト4	八千代松陰	県立幕張総合
ベスト4	千葉日本大学第一	県立八千代

	男子	女子
優勝	川越東	浦和学院
準優勝	秀明英光	山村学園
ベスト4	浦和学院	早稲田大学本庄
ベスト4	県立春日部	秀明英光

Basketball
バスケットボール

平成24年度全国高等学校総合体育大会　予選
（兼　第65回全国高等学校バスケットボール選手権大会　予選）

	男子	女子
優勝	八王子	八雲学園
準優勝	京北	明星学園
ベスト4	國學院大学久我山	東京成徳大学附属
ベスト4	日本学園	文化学園大学杉並

	男子	女子
優勝	桐光学園	県立金沢総合
準優勝	県立厚木東	県立茅ヶ崎北陵
ベスト4	東海大学付属相模	県立旭
ベスト4	横浜	県立山北

	男子	女子
優勝	市立柏	昭和学院
準優勝	市立船橋	千葉経済大学附属
ベスト4	県立幕張総合	市立船橋
ベスト4	柏日体	千葉英和

	男子	女子
優勝	県立川口北	山村学園
準優勝	正智深谷	埼玉栄
ベスト4	県立草加	県立浦和西
ベスト4	昌平	昌平

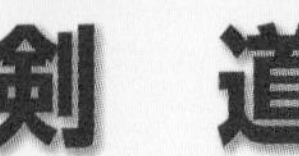

Kendo（団体の部）剣道

第59回学校総合体育大会兼全国高等学校総合体育大会　予選（団体）

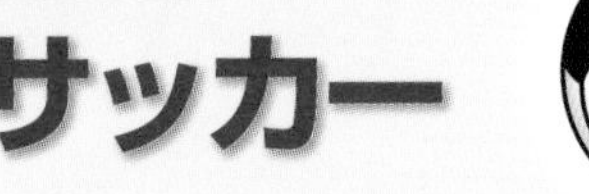

Soccer サッカー

平成24年度全国高等学校総合体育大会　予選

東京

	剣道 男子	剣道 女子
優勝	高　輪	日本大学鶴ヶ丘
準優勝	郁文館	都立小金井北
ベスト4	京北	東海大学菅生
ベスト4	東海大学菅生	東京成徳大学

	サッカー 男子
優勝	修　徳
準優勝	実践学園
ベスト4	帝京
ベスト4	成立学園

神奈川

	剣道 男子	剣道 女子
優勝	桐蔭学園	東海大学付属相模
準優勝	鎌倉学園	日本大学
ベスト4	日本大学	県立希望ヶ丘
ベスト4	慶應義塾	桐蔭学園

	サッカー 男子
優勝	桐光学園
準優勝	三浦学苑
ベスト4	桐蔭学園
ベスト4	県立川和

千葉

	剣道 男子	剣道 女子
優勝	県立安房	拓殖大学紅陵
準優勝	市立習志野	県立流山
ベスト4	流通経済大学付属柏	東京学館浦安
ベスト4	東海大学付属浦安	県立幕張総合

	サッカー 男子
優勝	流通経済大学付属柏
準優勝	八千代
ベスト4	柏日体
ベスト4	市立船橋

埼玉

	剣道 男子	剣道 女子
優勝	本庄第一	埼玉栄
準優勝	埼玉栄	淑徳与野
ベスト4	県立熊谷	本庄第一
ベスト4	県立春日部	東京農業大学第三

	サッカー 男子
優勝	西武台
準優勝	武南
ベスト4	県立浦和東
ベスト4	正智深谷

Rugby ラグビー

平成23年度全国総合体育大会　予選

男子 第1地区		男子 第2地区
國學院大學久我山	優勝	東　京
保善	準優勝	明治大学付属中野
東京朝鮮	ベスト4	早稲田実業
目黒学院	ベスト4	大東文化大学第一

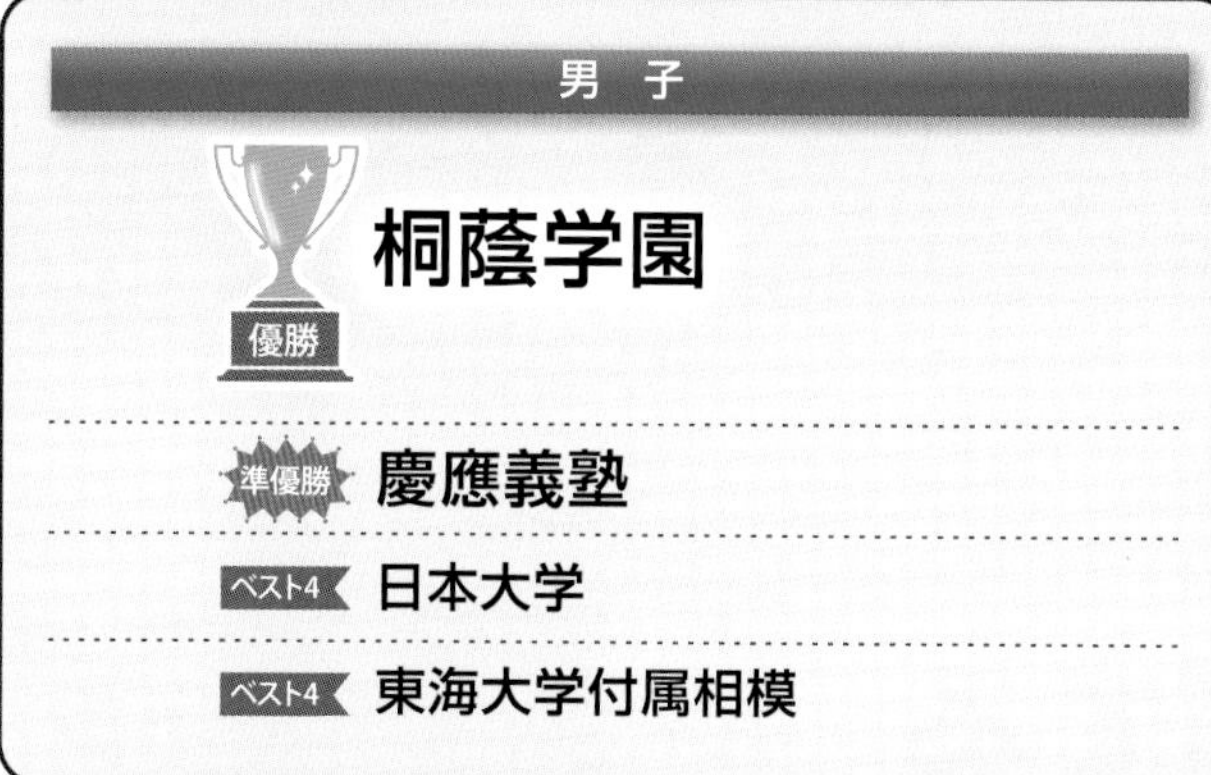

	男子
優勝	桐蔭学園
準優勝	慶應義塾
ベスト4	日本大学
ベスト4	東海大学付属相模

	男子
優勝	流通経済大学付属柏
準優勝	市立船橋
ベスト4	県立佐倉
ベスト4	専修大学松戸

	男子
優勝	県立深谷
準優勝	正智深谷
ベスト4	県立浦和
ベスト4	慶應義塾志木

Volleyball バレーボール

平成24年度全国高等学校総合体育大会　予選

	男子	女子
優勝	駿台学園	下北沢成徳
準優勝	東亜学園	共栄学園
ベスト4	東洋	文京学院大学女子
ベスト4	安田学園	八王子実践

	男子	女子
優勝	県立弥栄	市立橘
準優勝	市立橘	県立大和南
ベスト4	県立荏田	県立鶴嶺
ベスト4	県立秦野総合	県立相原

	男子	女子
優勝	市立習志野	県立柏井
準優勝	東京学館船橋	市立船橋
ベスト4	県立八千代	敬愛学園
ベスト4	市立船橋	県立幕張総合

	男子	女子
優勝	春日部共栄	細田学園
準優勝	県立深谷	市立川越
ベスト4	埼玉栄	埼玉平成
ベスト4	正智深谷	春日部共栄

人間性に優れた人材を育てる
巣鴨伝統の「硬教育」

SCHOOL EXPRESS

巣鴨高等学校

東京都　私立　男子校

巣鴨高等学校が誇る伝統的な「硬教育」のもと、学業面だけではなく、精神面も含めた一貫教育を100年にわたって推進してきました。その成果が、毎年の国公立大・難関私立大への素晴らしい合格実績につながっています。

堀内　不二夫校長先生

School Data

所在地　東京都豊島区上池袋1-21-1

アクセス　都電荒川線「巣鴨新田」徒歩8分、JR山手線「大塚」・東武東上線「北池袋」徒歩10分、JR線ほか「池袋」徒歩15分

生徒数　男子のみ764名

TEL　03-3918-5311

URL　http://www.sugamo.ed.jp/

102年の歴史を持つ伝統ある名門男子校

巣鴨高等学校（以下、巣鴨高）の歴史は、１９１０年（明治43年）に創立された私塾・巣園学舎に始まります。創立者は、明治中期において、日本の代表的哲学者であり、とくに日本社会学の祖と仰がれた遠藤隆吉博士です。

その巣園学舎を基に、１９２２年（大正11年）に巣鴨中学校が開校。その後、１９４９年（昭和24年）の学制改革によって、現在の名称である巣鴨高が誕生しました。

堀内不二夫校長先生は「遠藤博士は、『硬教育』による男子英才教育と人間研究の実践をめざして巣園学舎を創立されました。

硬教育とは、『軟教育』に対比して博士が作った言葉です。軟教育とは、子どもにできるだけわかりやすく、噛み砕いて教える教育のことです。こうした教え方自体は間違っているということではないのですが、中等教育においては軟教育だけでは十分ではないと博士は考えました。勉強でもそれ以外のことであっても、中等教育には自分で努力をして乗り越えていくという部分を取り入れなければ本当の教育にはならないだろうと考え、それを硬教育と呼んだのです。ただ、その硬教育が戦後、硬派のイメージでとらえられ、とても堅い、厳しい、ややもすれば怖いというイメージで見られてしまう時期もありました。そこで、現在では、硬教育を『文武両道』『質実剛健』『努力主義』という言葉に置き換えています」と話されました。

明治から受け継ぐこうしたさまざまな教育理念のなかでも、とくに重視されているのが「努力主義」と「英才早教育」の2つです。

「努力主義」とは、なにかを成し遂げようとするときに、自分で努力することなしにそれが成就することはないのだから、そのために目標を掲げ、努力をするということです。

「英才早教育」とは、決められた時期に決められたことを教えるということではなく、あくまでも学力、能力に応じた内容を教えることだという考えです。

寒稽古

巣鴨高創立以来の伝統です。現在は自由参加ですが、毎年ほぼ全校生徒が参加します。6日間行われ、最終日には豚汁が振舞われます。

巣鴨高の理念を反映した「文数系」と「理数系」

巣鴨高では、3学期制、50分授業、週6日制が実施されています。月曜日から金曜日までが6時限、土曜日は午前中の4時限です。

中高一貫教育が行われているため、高1・2年次は、全6クラスのうち、高入生1クラス、残りの5クラスが中入生というクラス編成となります。

「高校から入ってきた生徒は、2年次までに中入生に追いつくような教育課程にしています。例えば、数学は2年次までに高校数学の教科書を終えることを目標にするといった形です。」（堀内校長先生）

高校3年生で、選択科目により「文数系」と「理数系」に分かれます。ここで高入生と中入生がいっしょになります。

「文数系」とは一般的にいうところの「文系」のことですが、巣鴨高では全教科が必修です。文系であっても理数系の教科を学ぶために、独自の名称がつけられているのです。

「本校においては、中等教育というものは、人間の基礎を作るという認識で行っていますので、全教科を学習することをベースにしておくためにこうした形になっています。ただ、文数系と理数系でクラスを分けませんので、クラスのなかに文数系と理数系の生徒がいます。生徒は授業ごとに自分が選択した授業が行われる教室へ移動します。」（堀内校長先生）

また、高3では、英語と数学で習熟度別授業が展開されています。

平常授業をサポートする目的で行われる補習は、学校として制度化されてはいませんが、先生がたが各生徒の学習の進み具合をきちんとチェックしながら、必要に応じて行っています。早朝や放課後を使い、全学年で随時実施されています。

夏期休業中には夏期講習が用意されています。希望制で、夏期休業の初めから全日程で講習が設けられており、とくに高校3年生を中心に、全教科で実施されています。

また、「サマースクール」として、毎年20～30名の生徒がイギリスのイートンカレッジを3週間の日程で訪れます。

オーストラリアでも、2週間同様に実施されています。両方とも希望制で、ホームステイをしながらの語学研修と、国際理解を深めていくのが目的です。

高入生の1年生は、この時期に「蓼科(たてしな)学校勉強合宿」に行きます。長野県にある蓼科学校教室棟（巣鴨高の施設）で、夏期学力強化合宿（4泊5日）を実施します。

巣園祭（文化祭・体育祭）

巣園祭は文化祭と体育祭を合わせたもののことで、3日間連続で実施されます。最初の2日間が文化祭で、最後の1日が体育祭です。文化祭は中1～高1の各クラス出展、高2の模擬店、そのほかにもさまざまな有志による出しものがあります。体育祭は中高合同で、中1～高3までが縦割りで4チームに分かれて行われます。各チームが競いあう競技のほかに、柔剣道演技や、吹奏楽班のマーチングなど、巣鴨高ならではの出し物もあります。

人間としての成長を促す「全校有段主義」

巣鴨高では、学習面の充実と同様に、人間としての成長につながるさまざまな教育にも定評があります。

そのなかでも特徴的なのが、「全校有段者主義」です。

「本校では、高校で柔道か剣道が必修になっており、全員が段位をとることを目標としています。

武道には『礼に始まり礼に終わる』ということがあります。剣道や柔道は世間でいう授業としての道徳ではなく、本校での生活を通して道徳が染みこんでいくときの一助となっています。

ですから、本校においては、剣道や柔道を肉体を鍛えるということだけのために行っているのではありません。精神性や礼節に重きを置くので、例えば身体があまり強くない生徒や、身体の不自由な生徒に対しても意義あるものとなるのです。」（堀内校長先生）

巣鴨高では、今年も東大41名をはじめとして、国公立大や難関私立大に多数の生徒が合格しました。

毎年こうした合格実績をあげている背景には、ただ勉強だけをするのではなく、「全校有段者主義」に代表される肉体的、精神的にも成長を促す教育が行われていることがあると言えるでしょう。

次の100年を見据えた新校舎の建設

巣鴨高では、2013年度（平成25年度）の生徒募集要項が変更される予定です。これまでは2回行っていた入試を、2月10日1回だけとし、募集人数もそれぞれ50名ずつ募集していたのを70名とするということです（詳細は学校へお問い合わせください）。

また、巣鴨高は、さらに学習環境の充実を図るために、新校舎への建て替えを始めています。4年後には施設が一新される予定です。高校は現在の敷地内のままですが、中学校は、JR埼京線の浮間舟渡駅前に立地する北区立旧小学校施設が約2年間の仮校舎になります。すでに次の100年を見据え、動き出しているのです。

「ただ有名な大学に入りたい、ということであれば、どこの高校であってもいいのかもしれません。しかし、私立高校にはそれぞれ建学の理念や特色があり、本校の場合は100年を超える伝統があります。その伝統のもとで、勉強や日々の学校生活を通じて、人生の土台、人間としての土台を作ることができます。また、その伝統を受け継ぎ、さらに発展させて後輩たちに引き継いでいくのです。こうした校風のもとで3年間を過ごしてみたいという生徒さんに来ていただきたい。

この年代の子どもというのは、本当にやる気を出せば大きく変わります。私たちといっしょになって、次代の歴史を築いていこうという意欲があり、一生懸命なにごとにも取り組める生徒諸君を待っています。」

（堀内校長先生）

大菩薩峠越え強歩大会

卒業式

創立記念マラソン大会

巣園流水泳学校

2012年度(平成24年度)大学合格実績

大学名	合格者	大学名	合格者
国公立大学	( )内は既卒	大阪大	2(0)
北海道大	5(2)	その他国公立大	19(11)
東北大	4(2)	国公立大合計	104(48)
筑波大	4(1)	私立大学	
埼玉大	2(2)	早大	119(48)
千葉大	11(6)	慶應大	55(17)
首都大東京	2(2)	上智大	21(3)
電気通信大	5(1)	東京理大	68(25)
東大	41(15)	東京医大	10(7)
東京医科歯科大	3(1)	日本医大	3(3)
東京外大	1(1)	東京慈恵会医大	8(6)
東京海洋大	1(0)	順天堂大(医)	5(1)
東京学芸大	1(0)	東邦大(医)	3(3)
東京工大	3(1)	昭和大(医)	6(5)
東京農工大	1(0)	獨協医大	6(5)
一橋大	2(1)	自治医大	2(0)
横浜国立大	1(0)	その他私立大	292
京大	3(2)	私立大合計	602

※私立大の既卒生合格者数は判明分のみ掲載しています。

正則高等学校

東京都
港区
共学校

School Data

所在地	東京都港区芝公園3-1-36
生徒数	男子586名、女子305名
TEL	03-3431-0913
アクセス	地下鉄日比谷線「神谷町」徒歩5分、都営三田線「御成門」徒歩5分
URL	http://www.seisoku.ed.jp

「本来の学校らしさ」を求めた教育を

同じスタートラインから総合学力をのばす

目の前には東京タワーという場所に正則高等学校の校舎はあります。

正則は、活気と充実感あふれる「本来の学校らしさ」を1世紀以上にわたり求め続けています。

クラス編成は成績別ではなく、全員が同じスタートラインに立って総合学力を伸ばしていきます。

すべての生徒に生きた学力・進学学力をつけると同時に、社会で確かに生きていく力をつけ、人間としても成長しつつ、多くの生徒が大学に進学しています。

大学受験科目だけに絞った必要最小限の勉強ではなく、3年生までの共通授業で幅広い総合的学力を高め、大幅な選択授業を導入した独自のカリキュラムで進学学力を全員が身につけます。

また、大学ではなにをどう学ぶのかを知るための「進学セミナー」や、「火・土曜特別講座」、「発展講座」、「集中講座」も開講し、生き方につなげた進路意識を育てています。4年制大学への進学率は順調に伸びています。

行事や体験を通し人間として成長

正則の学校生活には「学力をつける」ことを軸にしつつ、さまざまな学びと体験の場があります。

夏休みを使った、働く人々と生活を共にする「体験学習」、命や生き方について考える「学習旅行」は考えあう行事として3年間のなかで大きな位置づけを持ちます。生徒たちはこれらを通し、自分の生き方・職業につなげつつ進路を追求します。

毎年生徒たちの企画によってさまざまな行事が行われるなか、体育祭、学院祭（文化祭）は最大の行事です。とくに学院祭はその質の高さから全国で注目されています。学院祭は「お祭りに終わらせない。高校生の文化を自分達の発想で創る。自分と仲間が共に育つ体験をする。」をモットーにしています。

その企画内容の質の高さ、盛りあがりの素晴らしさ、生徒が一生懸命取り組む姿は、毎年来場者に大きな感動を与えています。

また充実した学園生活を求めて、日々のクラブ活動もさかんに行われています。正則は生徒の多彩な自主活動・集団活動を大切にすることで、社会で生きていく力を養っています。

高校生活の3年間をかけて、しっかりと勉強し、多くの体験をするなかで、人と人との関係を学び人間として成長できる環境がある、正則高等学校です。

東京農業大学第三高等学校

埼玉県
東松山市
共学校

School Data

所在地　埼玉県東松山市大字松山1400−1
生徒数　男子855名、女子440名
TEL　0493-24-4611
アクセス　「東松山」「森林公園」「熊谷」「鴻巣」「吹上」「行田市」「本川越」「上尾」の各駅からスクールバス運行
URL　http://www.nodai-3-h.ed.jp

夢実現の可能性をつくりあげます

1人ひとりに確かな学力を

埼玉県東松山市、四方を緑に囲まれた環境に東京農業大学第三高等学校（以下、東農大三）はあります。

「建学の精神に則り、人間尊重の理念のもとに一人ひとりの個性を伸ばし、健全な精神と実行力に富む国際人の育成」を教育方針に掲げ、静かな自然環境のなかで、生徒は規律ある学園生活を送ることができます。

「入れる大学」ではなく「入りたい大学」をめざし、入学段階から自己の目標によって自由に選択できるコース制をとっています。

「スーパーセレクトコース」は最難関大学合格をめざし、少人数教育・週5回の7時間授業で先取り学習をします。

また、東農大三には勉強クラブと呼ばれるクラブがあり、こちらのコースは勉強クラブも必修とします。クラブでは通年のハイレベル講習や夏期合宿による学力向上、学問を探究する楽しさを実感することで自ら学ぶ姿勢を育成することを目的としています。

「特別進学コース」は難関国立・私立大学合格をめざします。週3回の7時間授業を必修とし、1、2年次にセンター試験のための学力を養成し、3年次から文系・理系に分かれ論理的思考力を養成します。

「総合進学コース」は勉強と部活を両立させたい生徒にとって、バランスの取れたカリキュラムで1人ひとりのニーズに応えられるコースです。2年次より文系・理系に分かれ、3年次には各自の進路希望に応じて授業を選択できるようになっています。

この3コース以外にも実学教育をベースにした「中高一貫コース」もあります。

高い進学率を支える課外講習

授業以外にも生徒の学力を高めるため、東農大三は課外講習を行っています。

毎日の授業内容を定着させることを目的とし、数多くの課外講習のなかから個々のレベルに合った講座が選択できます。それにより確実な学力を身につけることができ、東農大三の高い進学率を支える柱となっています。

ほかにも、3年生では添削講座や、予備校の外部講師と連携した講座があり、高校生活の限られた時間を有効に活用することができます。

このような東農大三のきめ細やかな指導が、生徒1人ひとりが持つ無限の可能性を引きだし、夢の実現をサポートしています。

開智高等学校

何事にも全力投球の開智生

近年大学合格実績を飛躍的に伸ばしている開智高校ですが、高1・高2は授業以外のさまざまな活動に全力で取り組んでいます。今回は特に高1・高2の活動を中心に紹介します。

授業への主体的参加

数年前から授業での「学び合い」を取り入れ、教わる授業だけでなく、積極的に学びとる授業への転換をはかっています。特に正解がひとつだけでない問題や、解法が複数あるような問題の場合に有効な学習法で、授業中にとどまらず、放課後にも生徒同士で学び合っている姿が見られます。

生徒主体の学校行事

体育祭・時鐘祭（文化祭）・球技大会・ロードハイクなどの学校行事は、すべて生徒の実行委員会が組織され、企画から運営まで毎年生徒主体で行われます。よって毎年、前年と違う企画が加わってきます。体育祭は今年3回目を迎えますが、昨年まで紅白2グループの対抗形式でしたが、今年は赤・青・黄の3ブロックにして、対抗戦をさらに盛り上げることにしました。また、昨年の時鐘祭では、食品団体に研究テーマの設定を求めたところ、ポップコーンの販売を企画した団体は、ポップコーンに適した品種の研究とトウモロコシの栽培まで行いました。球技大会は1学期・2学期末に行われ、毎年全校生徒のアンケートをもとに競技種目を決め、実行委員が競技ルールと組み合わせを決定して運営します。ロードハイクは20㎞から30㎞をひたすら歩く行事ですが、コースは一昨年まで河川敷に限定されていましたが、昨年の実行委員は「都心を歩く」企画をたて、下見を繰り返し、「上野」から「台場」までのコースで実施しました。実行委員はさまざまな問題点や困難に直面してはひとつずつ解決し、

夏期学校説明会　予約不要　所要時間約90分

日付	曜日	午前	午後	備考
8月25日	土	10時00分～	13時30分～	質問コーナーを設け、個別の質問にお答えします。
9月 1日	土		13時30分～	

入試説明会・個別相談日程

入試説明会　予約不要　所要時間約80分				個別相談　予約制
10月20日	土	10時00分～		10：00～16：30
10月27日	土	10時00分～	13時30分～	10：00～16：30
11月17日	土		13時30分～	10：00～16：30
11月23日	金・祝	10時00分～	13時30分～	10：00～16：30
11月24日	土		13時30分～	10：00～16：30
12月15日	土	10時00分～	13時30分～	10：00～16：30
12月23日	日	10時00分～		10：00～16：30

・入試説明会はすべて予約不要です。上履き・筆記用具を持参してください。
・個別相談会はすべて予約制です。詳細は開智高等学校ＨＰをご参照ください。

平成24年　大学合格数

国公立大学（ ）は現役		
大学名	合格者（499名卒業）	高等部（275名卒業）
東京大学	9(9)	
京都大学	3(3)	
北海道大学	3(3)	2(2)
東北大学	6(6)	4(4)
筑波大学	10(10)	3(3)
千葉大学	13(10)	5(4)
お茶の水女子大学	3(3)	3(3)
電気通信大学	7(6)	2(2)
東京外国語大学	4(3)	3(2)
横浜国立大学	10(10)	2(2)
埼玉大学	27(26)	23(23)
福島県立医科大学（医学部）	2(1)	1(1)
その他国公立大学	52(45)	28(25)
国公立大学合計	149(135)	76(71)

私立大学（ ）は現役		
大学名	合格者（499名卒業）	高等部（275名卒業）
早稲田大学	148(129)	42(35)
慶応義塾大学	65(60)	17(15)
上智大学	61(56)	22(17)
東京理科大学	153(128)	54(45)
明治大学	153(136)	46(38)
立教大学	92(87)	45(42)
法政大学	73(65)	51(43)
中央大学	57(53)	30(28)
青山学院大学	37(35)	14(13)
学習院大学	23(18)	14(10)
計	862(766)	335(286)

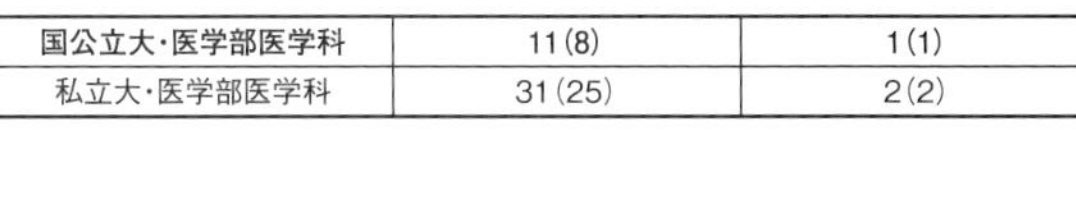

国公立大・医学部医学科	11(8)	1(1)
私立大・医学部医学科	31(25)	2(2)

多くの生徒が主体的に参加することで大いに盛り上がる行事になっています。

メリハリのある放課後活動

月曜・木曜は授業日で放課後も授業が行われますので、部活動や委員会活動などを行うことはできません。それ以外の曜日の平日午後6時まで、土曜日午後4時半まで自主活動が行われます。部活動は体育系・文化系あわせて20ほどが熱心に活動しています。今年度から中高一貫部との連携をはじめ、高等部の生徒が一貫部の活動に参加したり、逆に一貫部の生徒が高等部の活動に参加するようになりました。中高一貫部の将棋部の生徒（中学生）が埼玉県大会で優勝して関東大会の埼玉県代表になりましたが、高等部の顧問の先生の指導のもとで、高校生に交じって練習した成果のあらわれと言えます。また、生徒主体で新たな活動ができる「サークル」を結成することができます。現在、「英会話」・「鉄道研究」・「数学研究」・「古典研究」・「ゲーム研究」などがあり、時鐘祭での発表にむけて熱心に活動しています。

放課後も勉強したい生徒は「自習室」で独習するほかに、「学び合いルーム」で友人と話し合いながら勉強することができます。自習室は高3生がメインで使うものと、高1・高2生専用のものがあり、いずれも部活動後にも使用することができるように、平日は夜7時まで（高3は夜9時まで）、土曜日は午後6時半まで（高3も同じ）利用することができます。生徒は何をするかを自分で判断して自分で決め、途中で安易に投げ出すことなく継続することで、責任感や主体性を育み、高3で受験に立ち向かうことになります。

何事にも積極的な開智生

このように開智高校での学校生活を考えると、どのような生徒が開智生にむいているのかが見えてきます。それは一言でいえば、何事にも積極的になれる生徒ということです。授業で「教わる」のではなく「学びとる」姿勢、学校行事に主体的に参加する姿勢、放課後の活動を自ら決める姿勢。先生の指示を待つだけでなく、自らより良い高校生活を作り上げようとする積極的な生徒にとって、有意義な高校生活が送れる高校だと思います。

KAICHI
開智高等学校
高等部（共学）
〒339-0004
さいたま市岩槻区徳力西186
TEL 048−793−1370
http://www.kaichigakuen.ed.jp/
東武野田線東岩槻駅（大宮より15分）徒歩15分

Focus On
公立高校

共学校

千葉県立 佐倉高等学校

知性と教養にあふれ、課題を自分の力で乗り越える意欲と力を持った人材の育成をめざす

藩校以来220年の歴史と伝統を持つ千葉県立佐倉高等学校。国際交流や佐倉アカデミアなど特色ある取り組みが積極的に行われています。2014年(平成26)4月からは「理数に関する学科」が新設され、理数教育のさらなる充実が図られます。

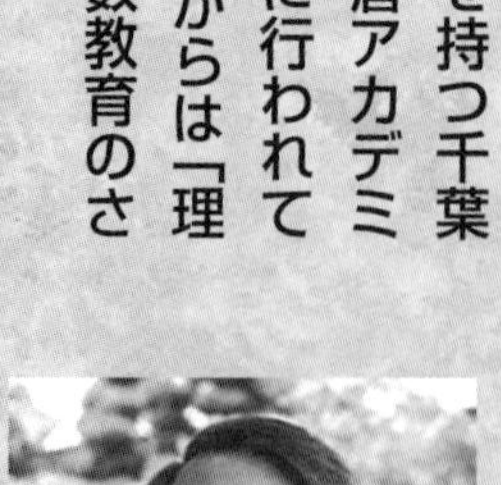

田辺 新一(たなべ しんいち) 校長先生

藩校から220年の歴史ある伝統校

明治期に建てられた洋風木造建築をいまも保存使用している県立佐倉高等学校の歴史は、江戸時代に佐倉藩の藩校である学問所が創立されたところから始まりました。

佐倉藩主・堀田正順(まさあり)公が1792年(寛政4年)、佐倉宮小路に「佐倉学問所」を創立し、それが1899年(明治32年)に県立移管により千葉県佐倉中学校となります。その後廃校の危機などを乗り越え、1948年(昭和23年)の学校制度改革により、現在の千葉県立佐倉高等学校(以下、佐倉高)となりました。

今年で藩校創立以来220年、県立移管以来113年という長い歴史が脈々と引き継がれ現在にいたっています。

また、学校の歴史だけではなく、堀田正倫(まさとも)公によって1910年(明治43年)に建てられた「記念館」は国の登録有形

例年、クラス対抗リレーや長縄跳などの対抗種目と、球技種目を組み合わせた形で行っていました。しかし、今秋から体育館が耐震改修に入るため、今年は違った形で行うことになります。

［提供 学校写真］

文化財として登録されており、校長室のほか、事務室、保健室、進路指導室などに使われています。

そんな佐倉高の教育方針は「質実剛健」「積極進取」「独立自尊」の3つです。

「この教育方針はずっと続いているものであり本校の伝統です。校風は『文武両道』です。佐倉高は地元の学校として愛されてきました。卒業生は、実業界や教育界や官公庁など、各界に多士済々で、第一線で活躍しているかたばかりです。」（田辺新一校長先生）

2学期制で進学対応単位制を導入

佐倉高は、2学期制で授業は1時限が50分。週5日制で月・火・水が7時限、木・金が6時限です。週33時間の授業時間を確保し、さらなる学力向上をめざしています。

単位制が導入されていますが、1年次は共通履修で（芸術のみ選択）、2年次から理科と社会の選択科目が入ってきます。そして3年次には単位制の利点を活かし、生徒各自の進路目標に合わせ、多くの選択科目から選択して学習していきます。文系か理系かは選択する科目によって分かれます。3年生の英語で分割少人数制授業が行われるほか、生徒の進路希望に応じて少人数でも授業を実施しています。

1学年8クラス、1クラスの定員は40名です。在校生は男子が503名、女子が474名。クラス編成では、なるべく選択科目の共通する生徒たちが、1つのクラスにまとまるように工夫されています。

「本校は単位制で、前期、後期で1つの科目が修了するものもあります。前期については夏休み前の7月に期末考査を行います。9月にもテストを実施しています。」（田辺新一校長先生）

補習は、各学年で先生がたが自主的に講座を設け、進路部が集約して募集をとる形で行われています。ただし、1年生の前期は、授業に慣れることが第一とされ、補習はありません。夏期講習は各学年に設定されており、昨年は35講座が開講されました。

生徒の意識を変える充実した国際交流プログラム

佐倉高では非常に多くの国際交流プログラムが用意されています。今年で14回目を数えるオランダ派遣は生徒5名が、11月14日（出発）～11月25日（帰着）の日程で、ドラード・カレッジ高校へ行きます。そこで国際青少年会議への参加、ヨーロッパ各国の高校生との交流などが行われます。またこれに伴い、今年からはオランダからの生徒の受け入れも始まりました。

鍋山祭（文化祭）

8月末から9月初めに土日に2日間かけて行われます。今年のテーマは、「SAKURA　ENTERTAINMENT　極上の時を駆け抜けろ」です。どのクラスも春から時間をかけて、計画的に準備しています。

今年度から、オーストラリア研修（生徒20名）も始まりました。これは7月28日（出発）～8月12日（帰着）で、ゴールドコーストにあるナンボー・クリスチャン・カレッジ高校へ行きます。ホームステイをしながら英語学習と現地校との交流が行われました。

さらには、「EUがあなたの学校にやってくる」という欧州連合（EU）の外交官による講演があったり、日韓高校生交流キャンプへも参加しています。

また、YFU日本国際交流財団による留学、「アジア大洋州地域及び北米地域との青少年交流（キズナ強化プロジェクト）」東日本高校生訪中代表団への参加などが実施されます。

「いろいろな国際交流プログラムを行っているのは、生徒に海外へ行って、外から日本を見る機会を持たせたいからです。多くのプログラムを用意したら、生徒のやる気に火が点きました。それだけ生徒の意識が高いのです。こうしたプログラムを受けて、上海の大学に進学したいという生徒も出てきています」と田辺校長先生は、国際交流の効果を実感しています。

佐倉アカデミアを中心に さまざまな講座を開講

２０１１年度から始まった「佐倉アカデミア」は、大学の先生、研究者、卒業生をはじめ、各界の第一線で活躍している人たちが佐倉高で講演をしたり、生徒が大学や研究機関で実験・実習をするものです。昨年は17講座が開講されました。また、これとは別に企業経営者による講演も年に1回、大学教員による講義「学問を知る」が２０１２年度に14講座開講されました。

こうした取り組みについて、田辺校長先生は「本校は地域にとって、教育や文化の核になる学校だと思っています。佐倉アカデミアは、生徒だけを対象とするのではなく、保護者、卒業生、地域に住むかたも参加ができる公開講座を用意しています。生徒にとっては、知的好奇心や探究心を喚起する、進路について考える機会を提供するための教養講座として位置づけています。

学校では進学的な学力ももちろん大事ですが、社会に出てから必要とされるのはまた違った力です。自分の考えで行動し、ダメなものはダメと意見を言える人、そしてなにかが起きたときに、身体を張って率先して動ける、そういう人材を育てたいと思っています。ですから、本校ではいろいろな角度から高校3年間で学んでもらいたいことをプログラムしています」と話されます。

こうした特色ある取り組みを通じて生徒たちは自分の夢を見つけていくのです。

学校の進路指導も非常に細かく丁寧に行われています。『進路の手引き』という冊子が配られ、1年~3年まで、具体的にどのように学習していけばいいか、先輩たちの入試データや体験記などが詳しく掲載されています。

2014年度に「理数に関する学科」が新設

「入学してくる生徒の約7割は国公立大を志望しています。現在はそれぞれの大学が特徴や強みを出しています。生徒が自分がやりたいものがあれば、そこをめざしてが頑張ればいいと思います。

本校は2011年度に進学指導重点校に指定されました。進学校として生徒が希望する大学へ進学できるようにしなさいということだと思っています。生徒が目標を達成できるためにお手伝いをする、それが重点校の責務だと考えています。

そして、2014年度（平成26年度）には『理数に関する学科』が新設されます。これは『理数科』と同じタイプの学科で、いまの中学2年生が受験するときに『理数に関する学科』ができています。

佐倉高で本当に3年間を過ごしたいと思う生徒に来ていただきたいですね。これまでの歴史といま行っている本校の教育理念を理解し、先輩たちを見て、その一員になりたいと思う人はぜひ来てください」と田辺校長先生はにこやかに語られます。

歴史がそのまま残る記念館（登録有形文化財）を校舎として使いながら、生徒たちは佐倉高生としての誇りを胸に、自分たちの夢を育んでいます。長い歴史という土台の上に、新しいさまざまな取り組みが行われている伝統校に、いま熱い視線が向けられています。

School Data

千葉県立佐倉高等学校

所在地
千葉県佐倉市鍋山町18

アクセス
京成線「京成佐倉」徒歩10分

生徒数
男子503名、女子474名

TEL
043-484-1021

URL
http://www.chiba-c.ed.jp/sakura-h/

2012年度（平成24年度）大学合格実績（ ）内は既卒

大学名	合格者	大学名	合格者
国公立大学		私立大	
北大	2(1)	早大	72(27)
東北大	1(1)	慶應大	21(12)
茨城大	4(0)	上智大	28(15)
筑波大	7(2)	東京理大	42(22)
埼玉大	3(1)	青山学院大	14(8)
千葉大	44(15)	中大	57(31)
電気通信大	1(1)	法政大	68(21)
東大	2(2)	明大	75(23)
東京外大	1(0)	立教大	76(19)
東京学芸大	3(2)	学習院大	17(6)
東京工大	1(0)	国際基督教大(ICU)	1(0)
東京農工大	2(1)	津田塾大	2(0)
名古屋大	1(1)	日本女子大	20(11)
その他国公立大	17(6)	その他私立大	402(115)
計	89(33)	計	895(310)

和田式教育的指導

脳について考えてみよう

受験勉強には「脳にいい暮らし」が必要です。科学的に考えられた脳にいいものを利用することが、合格への近道になります。「脳にいい暮らし」を伝授しましょう。

睡眠は十分にとる 寝る前にはリラックスする

眠気を我慢しながら勉強していては効率が悪いだけでなく、体調も崩してしまいます。睡眠を十分にとることが脳には必要なのです。

かつては、4当5落といって、4時間睡眠ならば合格するけれど、5時間寝ると落ちると言われていた時代がありました。

しかし、最近の脳科学の考え方では、睡眠時間中に今日の記憶を脳に書き込んでいるということが言われています。ですから、睡眠をよくとらない限りは書き込まれないので、短時間睡眠は受験に不利だということになります。

それではどのくらい睡眠時間をとればいいのでしょう。大人の場合は、5～7時間の睡眠が必要だといわれています。中学生の場合には成長のためにも、最低6時間はとっておいた方がいいでしょう。睡眠時間を少し多めにとった方が成長にもいいのです。

睡眠をきちんととれば、昼間の眠気を減らすことができ、集中力にもつながり、勉強もはかどります。

就寝時間になり、勉強をやめても、すぐに寝られない場合があります。そういうときは、静かな音楽を聴いたり、シャワーを浴びたりして、リラックスしてから横になると眠りに落ちやすくなります。眠れないときは試してみてください。

食生活に気を配り 栄養素を考えよう

食生活も気をつけることが大事です。食生活で脳にいいこととしては、次の2つのことがあります。

1つ目が栄養素です。脳の栄養素はブドウ糖です。そのブドウ糖が脳に不足している時間をつくってはいけません。一般的には、夕食から朝食まで、大体10～12時間食事をしません。そこで久しぶりに栄養を補給する朝食を抜いてしまうと、ブドウ糖不足になってしまい頭が働かなくなるのです。ですから「朝食を抜くな」と言われるのはそういう意味があるからなのです。

そして意外と大事なのは、「3時のおやつ」です。昼食後に眠気や集中力が低下して、やる気が起きないときがあります。その原因は脳にブドウ糖が不足している場合があります。そこで、3時のおやつでブドウ糖を補給してあげれば、眠気がなくなります。

とくに女子中学生はダイエットで食べる量やご飯を抜いたりすることがあります。そんなことをすると脳によくないので、気を付けましょう。

2つ目は、栄養素の種類についてです。「食べればいいんだ」と言って、ファーストフードばかり食べているのでは困ります。1日30品目以上の食品を摂取することが理想ですので、なるべく品目数を多く食べるようにしましょう。

じつは1日に食べている品目数が多い子どもほど、学力が高いというデータが出ています。食事をするときに、肉と魚のバランスを考えたり、脳の活性化にいいとされているDHA（ドコサヘキサエン酸）を多く摂ることをおすすめします。（54ページ『頭をよくする健康』参照）

脳トレーニングや百ます計算を利用

例えば以前、百ます計算が話題になりましたね。最初は、計算のトレーニングのように思われていました。しかし、最近では百ます計算をやることで、前頭前野の血流が増え、大脳の働きがよくなり、記憶力や迷路を解く能力があがるという実験の結果が出ています。

ですから、脳トレーニングや百ます計算のような、脳にいいとされているものを少しでも取り入れてみるのも、学習効率をあげる手段の1つです。

ただ、百ます計算は計算が目的ではありません。「陰山メソッド」でおなじみの陰山英男先生が教えているクラスでも、百ます計算は、最初の5分間だけで残りの45分間は普通の授業を行っています。

ですから、百ます計算だけを1時間行っても頭がよくなるわけではないので、目的を間違わないようにしてください。

ほかにも多湖輝氏の「頭の体操」（光文社刊）などを取り入れてみるのもよいでしょう。

短い時間で脳を活性化させ、このようなトレーニングをきっかけにして、勉強に活力を得ていくことも大事です。

Hideki Wada

和田秀樹

1960年大阪府生まれ。東京大学医学部卒、東京大学医学部附属病院精神神経科助手、アメリカのカールメニンガー精神医学校国際フェローを経て、現在は川崎幸病院精神科顧問、国際医療福祉大学大学院教授、緑鐵受験指導ゼミナール代表を務める。心理学を児童教育、受験教育に活用し、独自の理論と実践で知られる。著書には『和田式　勉強のやる気をつくる本』（学研教育出版）『中学生の正しい勉強法』（瀬谷出版）『難関校に合格する人の共通点』（共著、東京書籍）など多数。初監督作品の映画「受験のシンデレラ」がモナコ国際映画祭グランプリ受賞。

※このページは37ページから読んでください。

まず、1～5を訳そう。
1. なぜですか？
2. あんたがサンダル10足のために私のところに来たときにあんたの持っていたような考えだよ。
3. 私はお金のせいで悪い考えを起こして、村人に悪い運勢を言ってしまう。
4. 私は自分の作ったものでお金をもうけないよ。
5. どのような悪い考えですか？

ヒクソンさんが「わかったわ。お金をあげましょう」とマグローさんに言った後の会話文が（ a ）だから、（ a ）は占い師マグローさんの言葉だ。そうすると、

「わかったわ。お金をあげましょう」

「私は自分の作ったものでお金をもうけないよ」

というのが続きとしてふさわしいね。さらにその続きは、慌てずに考えると、

「私は自分の作ったものでお金をもうけないよ」

「なぜですか？」

「私はお金のせいで悪い考えを起こして、村人に悪い運勢を言ってしまう」

「どのような悪い考えですか？」

「あんたがサンダル10足のために私のところに来たときにあんたの持っていたような考えだよ」

と順序を決められるね。


正解は、a = 4　b = 1　c = 3　d = 5　e = 2だ。

解答 A. a = 4　b = 1　c = 3　d = 5　e = 2

(36) Ms. magraw looked at Ms. Hixon and said, "You think that it is easy to *deceive this old woman.

マグローさんはヒクソンさんを見つめて言った。「あんたは、この年寄りばあさんをだますのは簡単だと思っているんだ。

(37) You wanted to make a lot of money by selling ten pairs of my sandals."

サンダルを10足売って大金をもうけたいんだね」

(38) Lili listened *from behind the palm tree and *smiled.

リリはヤシの木の後ろで話を聞いていて、笑ってしまった。

問題文はこれで終わり。リリの話を聞いてひともうけしようとしたヒクソンさんの心根が、マグローさんに見抜かれてしまうという話だ。

では、残りの問題を片付けよう。

（エ）　Liliの父親について述べたものとして本文の内容に合うものを次の1～4の中から一つ選び、その番号を書きなさい。

1. He could not get any fish.
2. He usually fished for a week.
3. He helped a man in the sea.
4. He fished with his child.

1→彼は魚を捕れなかった。

2→普段彼は1週間、漁をした。

3→彼は海で男を1人助けた。

4→彼は自分の子どもと漁に出た。


正解はもちろん3だね。

解答 A. 3

（オ）　この物語の教訓として最も適するものを次の1～4の中から一つ選び、その番号を書きなさい。

1. Be kind to old people.
2. Don't want too much.
3. Don't be late to come home.
4. Remember the things you said.

1→老人に親切であれ。

2→欲を張るなかれ。

3→遅く帰宅するなかれ。

4→言ったことを忘れるなかれ。


マグローさんが、ヒクソンさんの金もうけの企みが失敗した話だから、正解は2だ。

解答 A. 2

自分の必要としないものは作らない、ものを作るのが楽しいから作るだけだ、というこの老占い師の考えは耳を傾ける価値がある、とワガハイは思うなぁ。ワガハイは高齢者に分類される年齢で、とっくに引退していいはずだが、いまも頼まれて3つの学校で教えている。

だが、生徒たちが1人でも「楽しくない授業だ」と言えば、すぐにやめるつもりだ。幸い、いまのところ、授業のアンケートは「楽しい！」とある。受験勉強だろうが、なんの勉強だろうが、〈新たなことを知る〉〈考えが深まる〉ということは、楽しいものだからね。

編集部より
正尾佐先生へのご要望、ご質問はこちらまで！
FAX：03-5939-6014　e-mail：success15@g-ap.com
※高校受験指南書質問コーナー宛と明記してください。

these to me," Lili answered.
「マグローさんにオレンジを1つあげて、これをもらったの」リリは答えました。
(25) When Ms. Hixon heard that, she took ten oranges from her shop and ran to Ms. Magraw.
それを聞くと、ヒクソンさんは店からオレンジを10個取ってマグローさんのところへ走りました。
(26) "I'll give you these oranges if you make me ten pairs of sandals," said Ms. Hixon.
「サンダルを10足作ってくれたら、このオレンジをさしあげましょう」とヒクソンさんが言いました。
(27) "Sorry, but I need fifty oranges if you want ten pairs of sandals," Ms. Magraw answerd.
「残念だね、10足ほしいのなら、オレンジが50個いるわ」マグローさんが答えました。
(28) "What? I hear that Lili gave you an orange and she got a pair of sandals. You can't *count," said Ms.Hixon.
「なんですって？　リリちゃんはオレンジ1個でサンダル1足もらったと言いましたよ。あなたは計算ができないのね」とヒクソンさんが言いました。
(29) "No, no, you can't count," said Ms. Magraw.
「いや、いや、あなたが計算ができないのさ」とマグローさんが言いました。
(30) "I enjoyed making that pair of sandals, and I was happy to give it to Lili, but it isn't fun to make ten pairs of sandals. They *cost fifty oranges."
「私はあのサンダルを作るのが楽しかったし、リリちゃんにあげたのもうれしかったけれど、サンダルを10足も作るのはおもしろくないね。作りたくないサンダル10足はオレンジ50個に値するんだよ」
(31) Ms. Hixon *got angry, but started to go back to her shop to bring (C) more oranges.
ヒクソンさんは腹を立てたが、あとオレンジを（ C ）持ってくるために、店に引き返そうとしました。
（ C ）が出てきたね。さっさと埋めてしまおう。

（イ） 本文中の（ C ）に入る数を（例）にしたがって英語のつづりで書きなさい。
（例）five

これは、算数の問題だ。ヒクソンさんは、リリの話を聞いて頭のなかで次のように計算した。

1サンダル＝1オレンジ
∴ 10サンダル＝10オレンジ

それで、オレンジ10個を持ってマグロー占い師の家に駆けつけた。ところが、

10サンダル＝50オレンジ

と言われたものだから、

（要求された）50オレンジ－（持ってきた）10オレンジ
＝40オレンジ

というわけで（ C ）に入るのは40だ。それを英語でつづると、forty だね。正解は、forty。

解答 A. forty

(32) "Wait a moment. There is another problem. Ten pairs of sandals cost fifty oranges, but I don't want fifty oranges.
「ちょっと待った。もう1つ問題があるんだよ。サンダル10足はオレンジ50個に値するけれども、私はほしくないのさ。
(33) I wanted to eat an orange then, so I gave Lili the sandals. I can't eat fifty oranges now. This is not a good *deal," said Ms. Magraw.
さっきはオレンジが食べたかった、それでリリちゃんにサンダルをあげた。いまはもうオレンジを50個も食べられないよ。これはよい取り引きではないね。」とマグローさんは言いました。
(34) Ms. Hixon got angrier and said, "OK. I'll give you money." She thought, "I can *make more money by selling the ten pairs of sandals."
ヒクソンさんはますます腹を立てて言いました。「わかったわ。お金をあげましょう」ヒクソンさんは考えました。「サンダルを10足売ればもっとお金をかせげるものね」
"(a)"
"(b)"
"(c)"
"(d)"
"(e)"
(35) "What?"
「なんですって？」
空所が5つも並んでいる。これは手強そうだ。問いをみよう。

（ウ） 次の1～5は本文中の（ a ）～（ e ）に入る言葉です。意味が通るように正しい順番に並びかえ、その順に番号を書きなさい。
1. Why?
2. Like the idea you had when you came to me for ten pairs of sandals.
3. Money gives me bad idea, and I give people bad fortunes.
4. I don't get money for the things I make.
5. What kind of bad ideas?

※このページは37ページから読んでください。

※このページは37ページから読んでください。

(12) Your father *took him back to the man's village. Your father will come back within five days."
　お父さんはその男の村まで連れて行った。５日以内に戻ってくるよ」
(13) *As Ms. Magraw said, Lili's father came back to the village five days later.
　マグローさんの言ったとおり、リリの父親は５日後に村に戻ってきた。

　ここまでが第１部だ。村人からは当らないと思われている占い師マグローというおばあさんの話だ。だが、リリの父親については的中した。

　さて、途中に（　A　）のような空欄があるのが気になる。しかし、（　A　）はこういう問いなんだよ。

（ア）　本文中の（　A　）と（　B　）に同じ語を入れるとき、最も適するものを次の１～４の中から一つ選び、その番号を書きなさい。
　1. how　2. when　3. who　4. what

　（　A　）と（　B　）に同一語が入るというのだから（　B　）の箇所まで、心を急かさず待つ方が賢明だよ。先を続けよう。
(14) Lili went to Ms. Magraw's house and said, "Thank you, Ms. Magraw. I'll bring you some *fish from my father."
　リリはマグローさんの家に行って言いました。「マグローさん、ありがとう。お父さんのとった魚を何匹か持ってくるわね」
(15) "Thank you, Lili," Ms. Magraw said, "but one fish is *enough for me. Eat the *rest with your family."
　「ありがたいね、リリちゃん。」とマグローさんは言いました。「でも、私は１匹で十分だよ。残りはうちの人みんなでお食べ」
(16) One very hot day, Ms. Magraw sat under the palm tree. She *was weaving the leaves of the palm tree.
　あるたいそう暑い日、マグローさんはナシの木蔭に座っていました。ナシの木の葉を編んでいたのです。
(17) Lili came and asked, "What are you doing?"
　リリがやってきて尋ねました。「なにをしてるの？」
(18) Ms. Magraw answered, "I'm making *a pair of sandals. Do you want to *try them on?"
　マグローさんは答えました、「サンダルを作っているのさ。履いてみたいかい？」
(19) "Sure," Lili answered. "Wait a moment. I will finish them soon," said Ms. Magraw.
　「うん」リリは答えました。「ちょっと待っておいで。じきに終わるから」とマグローさんは言いました。
(20) The sandals were *perfect for Lili. Ms. Magraw said, "I'll give them to you if you give me one of you oranges."
　サンダルはリリにぴったりでした。マグローさんは言いました、「そのオレンジを１つくれたら、サンダルをあげるよ」
(21) "Really?" Lili said and gave an orange to Ms. Magraw and got the sandals.
　「本当に？」と言ってリリはオレンジを１つあげて、サンダルをもらいました。
(22) When she was going home, she *skipped in front of Ms. Hixon's shop. Ms. Hixon *sold many things like food, drinks, *clothes and shoes.
　家に帰る道で、リリはヒクソンさんの店の前をスキップして通りました。ヒクソンさんは飲食品や、衣服や靴のようなたくさんの品々を売っていました。
(23) When she saw Lili's sandals, she said, "Hi, Lili, (　B　) did you get your sandals? They are beautiful!"
　リリのサンダルを見て、ヒクソンさんは言いました、「ねえ、リリちゃん、（　B　）そのサンダルを手に入れたの？ すてきね！」

　さあ、（　B　）が出てきたぞ。問いの（ア）を解こう。

（ア）　本文中の（　A　）と（　B　）に同じ語を入れるとき、最も適するものを次の１～４の中から一つ選び、その番号を書きなさい。
　1. how　2. when　3. who　4. what

・I will see (　A　) your father is.
・Hi, Lili, (　B　) did you get your sandals?
　この２つに１の how を入れると、
・お父さんがどのようにしているか見てみよう。
・ねえ、リリちゃん、どのようにしてそのサンダルを手に入れたの？
　２の when を入れると、
・お父さんがいついるか見てみよう。
・ねえ、リリちゃん、いつそのサンダルを手に入れたの？
　３の who を入れると、
・お父さんがだれであるか見てみよう。
・ねえ、リリちゃん、だれがそのサンダルを手に入れたの？
　４の what を入れると、
・お父さんがなんであるのか見てみよう。
・ねえ、リリちゃん、なにがそのサンダルを手に入れたの？
　正解は明々白々だね。１の how だ。さあ、続けよう。

解答 A. 1

(24)　"I gave Ms. Magraw an orange and she gave

Lili gave you an orange and she got a pair of sandals. You can't *count," said Ms. Hixon. "No, no, you can't count," said Ms. Magraw. "I enjoyed making that pair of sandals, and I was happy to give it to Lili, but it isn't fun to make ten pairs of sandals. They *cost fifty oranges." Ms. Hixon *got angry, but started to go back to her shop to bring (C) more oranges.

"Wait a moment. There is another problem. Ten pairs of sandals cost fifty oranges, but I don't want fifty oranges. I wanted to eat an orange then, so I gave Lili the sandals. I can't eat fifty oranges now. This is not a good *deal," said Ms. Magraw.

Ms. Hixon got angrier and said, "OK. I'll give you money." She thought, "I can *make more money by selling the ten pairs of sandals."

"(a)"
"(b)"
"(c)"
"(d)"
"(e)"

"What?"

Ms. magraw looked at Ms. Hixon and said, "You think that it is easy to *deceive this old woman. You wanted to make a lot of money by selling ten pairs of my sandals."

Lili listened *from behind the palm tree and *smiled.

(注) fortune teller 占い師 village 村
believe ～ ～を信じる fortunes 運勢
palm tree ヤシの木
in front of ～ ～の前を
fishing：fish（釣りをする）の ing 形
within ～ ～以内に boat 釣り船
overturned 転覆した
Wait a moment ちょっと待ってください
closed ～ ～を閉じた
drowing 溺れかけている
took ～ ～を連れて行った，持って行った
As ～ ～のとおりに fish 魚
enough 十分な rest 残り
was weaving the leaves 葉を織っていた
a pair of ～ 一足の～
try ～ on ～を試しにはいてみる
perfect for ～ ～にぴったりの
skipped スキップした
sold ～：sell（～を売る）の過去形
clothes 服 count 数える
cost ～ ～に値する
got angry 腹を立てる deal 取り引き
make ～ ～をかせぐ
deceive ～ ～をだます
from behind ～ ～の後ろから
smiled ほほえんだ

長めの文章だが、一気に全文を日本語に訳してしまおう。逐語訳ではなく、ややくだけた日本語訳にする。

(1) A long time ago, an old *fortune teller, Ms. Magraw, lived in a small *village.

むかし、老占い師のマグローおばあさんが、ある小さな村に住んでいました。

(2) She was very old and many people did not *believe the *fortunes she told.

おばあさんはたいそうな年で、大抵の村人はおばあさんの告げる運勢を信じないのでした。

(3) She lived in an old house, and on nice days, she always sat down under a *palm tree.

おばあさんは古ぼけた家で暮らしており、天気のよい日は、いつもヤシの木蔭に座っていました。

(4) One day, a girl called Lili was walking *in front of Ms. Magraw's house.

ある日、リリという女の子がマグローさんの家の前を通りかかりました。

(5) The girl looked very sad, so Ms. Magraw said to her, "You look so sad. What's the problem?"

女の子はたいそう悲しそうに見え、それでマグローさんは言いました、「とっても悲しそうだね。悩みはなんだい？」

(6) Lili answered, "Hi, Ms. Magraw. My father went *fishing a week ago and has not come back from the sea yet.

リリは答えました。「こんにちは、マグローさん。1週間前にお父さんが漁に出かけて、まだ海から戻ってこないの。

(7) Usually he comes back *within two or three days. My mother is crying because she thinks that his *boat *overturned."

普段は2、3日で帰ってくるの。お母さんは船が転覆したと思って、声をあげて泣いているわ」

(8) Ms. Magraw said, "I will see (A) your father is. *Wait a moment."

マグローさんは言いました。「お父さんが（ A ）かを見てあげよう。ちょっと待っておいで」

(9) She *closed her eyes and listened.

マグローさんは両目を閉じて耳を澄ませました。

(10) Then she said to Lili, "Your father is all right.

それからリリに言いました。「お父さんは無事だね。

(11) Four days ago, he found a man *drowing in the sea and helped him.

4日前、海で溺れかけていた男を見つけて助けたのさ。

※このページは37ページから読んでください。

教育評論家 正尾 佐の

高校受験指南書

Tasuku Masao

六拾九の巻

今年出たおもしろい問題2【英語】

今月号は英語の「今年出たおもしろい問題」シリーズだ。

以前は、問い方のおもしろい問題がけっこうあったのだが、最近は質問がワンパターンになっている。中学・高校の英語の先生たちや教育委員会が、「英語をコミュニケーションツール（気持ちや考えなどを相手に伝える道具）として学習すべきだ」と考えているせいかもしれない。

おもしろい問い方がない以上は、問題文のストーリーが楽しめるものを取り上げるしかない。だが、それも少なくなっているんだ。そのわずかしかないなかから神奈川県立湘南高校の問題を取り上げる。英語に自信のある人は、以下の問題文を読んでみて、ストーリーを楽しんでほしい。

次の物語を読んで、あとの（ア）～（オ）の問いに答えなさい。

A long time ago, an old *fortune teller, Ms. Magraw, lived in a small *village. She was very old and many people did not *believe the *fortunes she told. She lived in an old house, and on nice days, she always sat down under a *palm tree.

One day, a girl called Lili was walking *in front of Ms. Magraw's house. The girl looked very sad, so Ms. Magraw said to her, "You look so sad. What's the problem?" Lili answered, "Hi, Ms. Magraw. My father went *fishing a week ago and has not come back from the sea yet. Usually he comes back *within two or three days. My mother is crying because she thinks that his *boat *overturned." Ms. Magraw said, "I will see (　A　) your father is. *Wait a moment." She *closed her eyes and listened. Then she said to Lili, "Your father is all right. Four days ago, he found a man *drowing in the sea and helped him. Your father *took him back to the man's village. Your father will come back within five days." *As Ms. Magraw said, Lili's father came back to the village five days later. Lili went to Ms. Magraw's house and said, "Thank you, Ms. Magraw. I'll bring you some *fish from my father." "Thank you, Lili," Ms. Magraw said, "but one fish is *enough for me. Eat the *rest with your family."

One very hot day, Ms. Magraw sat under the palm tree. She *was weaving the leaves of the palm tree. Lili came and asked, "What are you doing?" Ms. Magraw answered, "I'm making *a pair of sandals. Do you want to *try them on?" "Sure," Lili answered. "Wait a moment. I will finish them soon," said Ms. Magraw. The sandals were *perfect for Lili. Ms. Magraw said, "I'll give them to you if you give me one of you oranges." "Really?" Lili said and gave an orange to Ms. Magraw and got the sandals. When she was going home, she *skipped in front of Ms. Hixon's shop. Ms.Hixon *sold many things like food, drinks, *clothes and shoes. When she saw Lili's sandals, she said, "Hi, Lili, (　B　) did you get your sandals? They are beautiful!" "I gave Ms. Magraw an orange and she gave these to me," Lili answered.

When Ms. Hixon heard that, she took ten oranges from her shop and ran to Ms. Magraw. "I'll give you these oranges if you make me ten pairs of sandals," said Ms. Hixon. "Sorry, but I need fifty oranges if you want ten pairs of sandals," Ms. Magraw answerd. "What? I hear that

宇津城センセの受験よもやま話

ある男子の手記①

宇津城 靖人先生
早稲田アカデミー　特化ブロック　ブロック長
兼 ExiV西日暮里校校長

どうして世の中のおじさんという人たちにはデリカシーがないのだろう。

その日もぼくはいつも通り、バスに乗って学校へ向かっていた。

ぼくの家から、通っている中学校まではバスでだいたい20分くらい。朝は道路が混んでいて渋滞に巻き込まれることもあるので、倍の40分くらい見ておけば余裕で着く。この通学時間がぼくにとって「くつろぎの時間」となるか、「苦痛の時間」となるかは、バスの混み具合次第だった。バスが空いていて席に座れたときには、音楽を聴いたり、眠ったりしてくつろぐことができるのだけど、すべての席が埋まっているときは、当たり前だけど立っていなければならない。ほかのバスや電車のなかで立っていることはまったく気にならないのだけれど、そのバスでだけは、その7時16分発のバスのなかでだけは、どうしても立っているのが嫌だった。

いつも同じバスに乗っていると、同じようにバスを通勤通学に使っている人たちの顔を自然と覚えてしまう。声をかける勇気なんてないけれど、顔は知っているという状態。つまり「知り合い」ではないけれど、「顔見知り」というやつ。ぼくはそんな、顔だけ知っているバスの同乗者たちに勝手にあだ名をつけて楽しんでいた。移動中、スマホをずっといじっているサラリーマン風の人は、髪の毛にいつもテカテカの油を塗ってあるので「タッピングポマード」。いつも経済新聞を読んでいて眉間にしわがよった顔をしているおねえさんは、美人が台無しなその形相から「般若たまに仁王」。洋服が白・赤・青の3種類のローテーションで決まっているおばさんは「トリコロール（別名ヘビロテ）」。口を大きく開けたまま、よだれをたらして寝てばかりいるおじさんは「マーライオン」。などなど、10数人に勝手にあだ名をつけて、ぼくはひそかに楽しんでいた。

ぼくがこのバスのなかで立っているのが嫌になったのは、6月のある日の出来事のせいだった。

その日は梅雨前線が活発で、前日の夜から降り続いていた雨が朝になってさらに勢いを増していた。バスを待っている間、傘の下で強い雨をしのいでいると、バス停のすぐそばの垣根に咲く大きな紫陽花（あじさい）にぼくの目は引き付けられた。紫陽花は強い雨に打たれて上下に揺れ、まるで起き上がりこぼしみたい。とても深い青に染まった花びらが雨粒を抱いて輝いて見えた。灰色の曇天（どんてん）と対照的に鮮やかなその花の色に目を奪われながら、昔おじいちゃんに教えてもらったことを思い出した。土のなかに含まれる鉄分が多いと、紫陽花の花は深く青く染まるらしい。紫陽花を青く染めるために庭の土に鉄分肥料を撒いているご主人の苦労に思いを馳せていると、バスがやってきた。

雨の日にはいつもは徒歩の人も公共の交通機関を利用するのだろう。バスに乗ると、もう座席は空いていなかった。ぼくは仕方なしに比較的空間に余裕がある、後部座席に一番近いところに身をおくことにした。乗車する際にさんざ振り落としてきたはずの雨水が、傘の先からポタポタ垂れて床をぬらしてしまった。申し訳なく思って周りを見ると、ぼく以外の人の傘からも雨水がしたたり落ちているのが見えた。おかげで床はもうびしゃびしゃだ。乗客が全員乗り込むと、ブーっとブザーが鳴ってバスの扉が閉まった。

「発車します。」

運転手のアナウンスとともにバスが動き出した。すると同時に慣性の法則に従ってぼくの体はバスの後方へ引っ張られる形になった。右手には傘、左手にはカバンを持っていたぼくは、不幸にもつり革をつかんでいなかった。バランスを崩しかけて体勢を立て直そうと、ぐっと体を前のめりにして足を踏ん張る。そして――つるり。雨で濡れた床は、ぼくの必死の抵抗をあざ笑うかのように、いとも簡単にぼくを滑らせた。そのままぼくの身体は勢いに乗り、後部座席に座る乗客の上へと倒れこんでいった。

ドスン。とぼくは座ってしまった。女の子の上だった。ぼくのおしりの下には女の子が座っていた。

ぼくは恥ずかしいことに、後部座席の一番前の列に座っていた女の子の、ひざの上に乗っかってしまったのだ。

「ごめんなさい!」とすぐに謝って、立ち上がる。女の子はいかにもびっくりした表情で、どうしたらよいかわからないようだった。

「痛くなかったですか? ホントにすみません!」

「あ、ああ、大丈夫です。」

制服を着たその女の子はぼくと目を合わせることなく、そう言った。

その子もこのバスの常連だった。当然ながらぼくは彼女にあだ名をつけていた。色白でどう見てもマリンスポーツには縁がなさそうに見えるのに、カバンからぶら下がったキーホルダーがサーフボードの形をしているから「丘サーファー」。

その後、とても気まずい時間を過ごした。ぼくは彼女が怒っているのではないかと気が気じゃなかったし、彼女もぼくをいぶかしがっているのかわからないが、ともかくこちらを意識していることだけは感じ取れた。最寄りのバス停に着いたとき、ぼくは彼女に、色々な意味をこめて「すみませんでした」と謝った。

「いいえ、もう大丈夫ですから。」

そのとき初めて彼女は微笑んでくれた。ぼくはかえって恥ずかしくなって、そそくさとバスを降りた。バスを降りると雨は止んでいた。空を見上げると雲間から光が差して、神々しいほどに美しかった。

それ以来、恥ずかしいので彼女と顔を合わせないようにバスの時間を変えてみたりしたのだけれど、15分に1本しかないので、とても困った。1つ前のバスに乗った場合、渋滞に巻き込まれればちょうどいい時間帯に到着するけれど、そうでないと早く到着しすぎて学校に入れないし、1つあとのバスは、もし渋滞に巻き込まれたら遅刻してしまうかもしれないリスクが高かった。

だから結局同じバスにまた乗ることになり、彼女とまた顔を合わせることになった。あの「膝の上に鎮座事件」があったあと初めて顔を合わせたときには、ぼくは恥ずかしくて目を合わせられなかったけれど、なんとか頑張ってペコリとお辞儀をした。そうしたら、彼女もペコリとお辞儀を返してくれた。嫌われてはいないように思えた。それ以降、お互いに軽く会釈をするぐらいの関係になった。乗るときと、降りるときに、ペコリ。ただそれだけ。隣同士に座ったり、道すがら会話をしたりすることはないけれど、それはそれでちょっといい感じに思ってもいた。

そしてその日、ぼくがいつものバスに乗ると、彼女は後部座席ではなくバスの中部あたりの座席に座っていた。バスの前方と後方にある座席は、いずれもバスの進行方向を向いて座るようになっているのだけれど、真ん中あたりの座席はそれぞれバスの壁面に背中をもたれる方向で設置されている。後部座席はすでに埋まっていたので、その席にしたのだろう。彼女の隣にはまだ座るスペースはあったけれど、恥ずかしいのでもう1つ空いていた彼女と向かい合わせの席に座ることにした。

次のバス停で、ぼくの隣にも彼女の隣にもいわゆる「おじさん」が座った。彼女の隣に座ったおじさんは、常連の「カムラン」だ。メガネで偽物の紳士っぽいところが、会計士のカムラン・ブルームって感じだからそう名づけた。カムランは席に着くとすぐにスポーツ新聞を広げて読みはじめた。スポーツ新聞には、あまり公共の場にふさわしくない部類の記事や写真が掲載されているものだ。彼女の目の前でそれを広げるのはふさわしくないと思っていた矢先のことだった。

「おねえさん、ほら、これ、どう思う?」

カムランが卑猥な記事を大きく開き、指さしながら彼女に話しかけている。おじさんが個人の趣味で楽しむぶんには知ったこっちゃないが、それを他人に、しかも女子高生に共有させようとしているのは明らかにおかしい。彼女は不快な顔をして、目をそらしている。カムランにはまったくデリカシーのかけらもない。

「ほうら、こんなだよ。」

などと言いながら、寄りかかるように体を密着させて彼女に紙面を近づける。彼女の膝の上のあったカバンが押されて逆さまになって床に落ちた。「ドサリ」という音とともにパキッという乾いた音が聞こえた。眼前に新聞が広げられ、壁際に追い込まれた彼女は、動こうにも動けず、カバンを拾うこともできなさそうだった。

「おい、おっさん! やめろよ。嫌がってんだろ?」

考えるよりも前に、声が出ていた。「ぼくはこのあとどうなるのだろう?」と怒鳴りながら考えていた。

（続）

国語

東大入試突破への現国の習慣

「当たり前だ」と思い込んでいることに落とし穴はひそんでいるものなのですよ

田中（たなか） 利周（としかね）先生

早稲田アカデミー教務企画顧問

東京大学文学部卒。東京大学大学院人文科学研究科修士課程修了。文教委員会委員。現国や日本史などの受験参考書の著作も多数。早稲田アカデミー「東大100名合格プロジェクト」メンバー。

慇・懃・無・礼?! 今月のオトナの四字熟語「五里霧中」

先日、教え子君と偶然道端で再会しました。「先生の連載、読んでいますよ!」と声をかけてくれたのです。彼の弟君が中学2年生で現在早稲アカに通っていて、『サクセス15』が毎号家に届くから、ということでした。「なんだか真面目な文章を書いていて、先生らしくないですよ」と指摘されたのですが…失礼な(笑)。なんでも、授業中の私のパフォーマンス? から受ける「くだけた」印象と、書かれた文章から受ける「かしこまった」印象にギャップを感じる、とのことなのです。そう言われれば、確かにそうですね。

これは私の持論なのですが「塾講師は学者であると同時に芸者でなくてはならない!」と、そう思っています。授業や教材の研究に余念がない。ということと同時に、それを生徒にどのように受け取ってもらえるようにするのか。この点を工夫しなければ「仏作って魂いれず」のそしりは免れないでしょう。「授業」という舞台でこそ、塾講師の本領は発揮される! ということです。ですからこうした連載の「書きモノ」では、どうしても「学者」の面が強調されて、真面目な印象を与えてしまうのかもしれませんね。そんなことを考える良いきっかけとなりました。ありがとう! 教え子君。

また彼は、『君子豹変』(先々月の連載)の意味を間違って理解していました」と、連載によって気づかされたことを感謝してくれました。駒場にある超難関国立男子校に通う彼ですが、意外な落とし穴として、「当たり前」だと思い込んでしまっている事柄にこそ注意を払わなければいけないと、認識を新たにしたようです。教え子の成長をいつまでも見守り続けたいという、これは本当は教師のエゴなのかもしれませんが、それでも教師冥利につきると思わせてくれた再会でした。

また、先月の連載で取り上げた「迷宮」と「迷路」の違いにも、随分と反響がありました。「知りませんでした」というメッセージが多く届いたのです。そのなかでも、「国語の文章読解をするときに、意味が分からなくなってしまって、迷路にはまり込んでいると感じていたのですが、それは迷宮に迷い込んだという風に考えるほうがいいですよね」と語ってくれた教え子さんにはハッとさせられました。そうですね。文章は確かに「一本道」をたどって行くわけですからね。にもかかわらず、霧がかかったように見通しが悪くなっていると感じてしまうのはなぜなのでしょうか? まさに「五里霧中」

というカンジ…唐突に登場しましたが今月の四字熟語です（笑）。

「深い霧の中にいて方角が分からないこと」という意味から、「迷って方針や見込みの立たないこと」を表す四字熟語になりますね。

「五里霧中」状態で文章読解に四苦八苦している際に、次のようなアドバイスを与えることには、一面の真理が存在します。「書き抜き問題は文中に答えが必ずある！ ちゃんとよく探して、見つけるまであきらめない！」というものです。確かに「一本道」である文章の中に「答え」がないわけはありません。けれども、「ちゃんとよく探して！」と言われても、一生懸命探しても見つからないから困っているんじゃないか！ と逆に「探し方を教えてよ！」と言い返したくなりますよね。むしろ「決してあきらめない」という言葉が呪縛となり、答えを探そうとして何度も文章を頭から読み返したり…一行一行丹念に探し続けてみたり…それでも結局見つからなくて、途方にくれているうちに試験時間はどんどん経過していくという。設問が進むたびに、何度もこの「文章を頭から読み直し」を繰り返していたら、それは試験時間がいくらあっても足りませんものね。

そこで皆さんにぜひ意識してもらいたい文章読解の際の心構えがあります。それは、一読後に「自分が通ってきた道のり」をイメージできるようにすることです。「書き抜き問題」は結局のところ、文章中の「どこに何が書いてあるのか」を承知していればすぐに見つけることができるはずです。それが困難なのは、読後に文章の全体像がつかめず、何がどこに書いてあったのか判然としないからです。ぼんやりとしたまま何度も頭から読み返して、「あった、あった、ここに書いてあった！」とキーワードの「捜索活動」を繰り返すだけで時間が過ぎていってしまうのでは芸がありません。

「迷宮」の例を参照してみましょう。ギリシャ神話で、テーセウス王子がミノタウロスのいる迷宮に挑む際、アリアドネ姫から手渡された「麻糸の玉」をたよりに見事脱出してみせたではないですか！

文章を読む際には「道しるべ」が必要なのです。今自分が読んでいる部分は、文章全体の中で〈広い道〉に相当するのか。〈狭い道〉なのか、〈曲がりくねった道〉なのか、確認しながら進んでいくのです。何度も繰り返し強調している部分などは「ここは随分と広い道だな」と感じ取れるようになりましょう。接続詞はそのためのわかりやすい道路標識です。「はい、ここで繰り返します」「ここで折り返します」など、決して見逃すことのないようにしてくださいね。皆さんも接続詞という麻糸の玉をたよりにして、文章読解という五里霧中の迷宮を克服してみせてください！

グレーゾーンに照準！今月のオトナの言い回し「弾力的な」

ここでいう「弾力」とは、比ゆ的に「その場に応じ、また問題によって、自由に変化できる能力」を指します。英語でいうところの「フレキシブル」ですね。flexible。難しい単語ですが「重要語句」ですので、確認しておいて下さいよ。用例としては「建築基準法を弾力的に運用する」などといったように使います（笑）。

皆さん、あまりなじみがないですよね。これぞオトナの言い回し！ なのですが、むしろ「お役所的言い回し」という表現がぴったりかもしれません。

法律に代表されるように、「決まりごと」の運用には厳密なルールがあります。当たり前ですよね。もし、これを「Aさんには罰則規定をあてはめますが、Bさんは規定を無視して自由に行動して構いません」なんて、個人によって規定の適用を変化させてしまったら…世の中が成り立ちません。だからこそ、杓子定規と揶揄されようとも、お役所は「規則ですから、例外は認められません」というお決まりのフレーズを繰り返すのです。

その「お役所」が、本当に「例外的に」、「その場に応じて対応いたします」と宣言するのが、この「弾力的運用」というヤツなのです。って、なかなか見かけるものでもないですよね。ところが、中学校生活をおくる皆さんには、極めて関わり深い、重要な「例外」が身近に存在するのです。ご存知でしたか？

「通学区域制度の弾力的運用について」という有名な？ 文部科学省からの通知があります。各都道府県教育委員会教育長にあてたものです。日本では学校教育法施行令第5条に「市町村教育委員会が、就学予定者が就学すべき中学校を指定する」ということが定められています。ですから一般的には、個々の就学予定者が就学すべき学校の決定は、教育委員会が通学区域を設定するといった形で、一方的に指定されてしまうのです。

こうした杓子定規な通学区域制度に対して、文部科学省が行ったのがこの通知なのです。これによって、就学すべき学校の指定に際して、あらかじめ保護者の意見を聴取し、それを踏まえて就学すべき学校を指定することが認められるようになりました。都内の中学生にとってはおなじみとなった「学校選択制」というのは、この「弾力的運用」の成果なのですよ。

(2)　図２において、４点A、B、C、Dは円Oの周上の点である。∠ABC＝80°、∠ADO＝35°のとき、∠CODの大きさを求めなさい。

（神奈川県立・鎌倉）

(3)　図３のように、円に内接するAD//BCの台形ABCDがある。x、yの値を求めよ。

（ラ・サール）

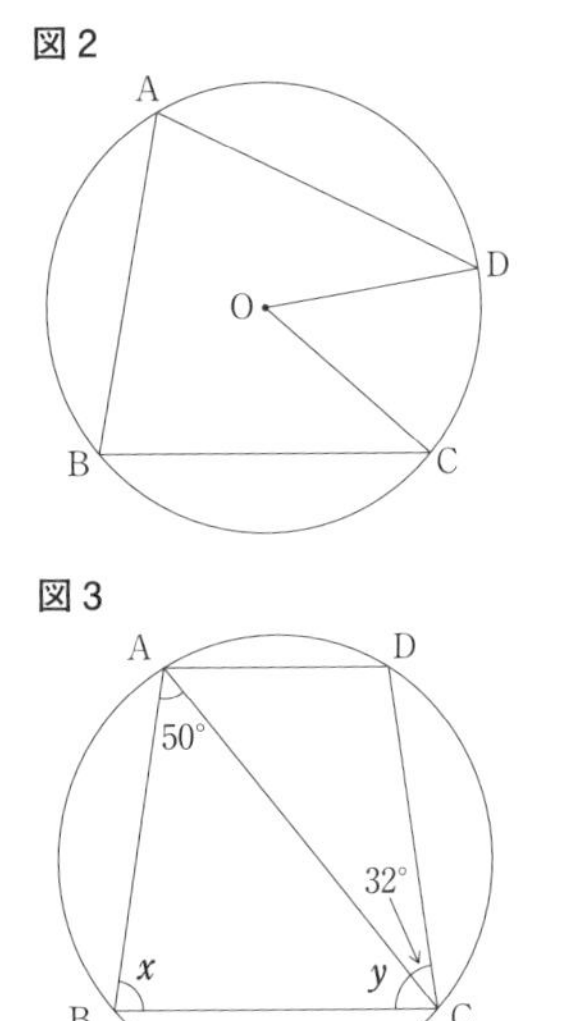

<考え方>

円周角がどの弧に対する角であるかを確かめながら考えることが大切です。

<解き方>

(1)　∠COD＝∠AOB＝48°で、∠CEDは弧CDに対する円周角だから、∠CED＝$\frac{1}{2}$∠COD＝24°

よって、∠ODE＝90－∠CED＝66°

(2)　2点A、Oを結ぶと、△AODは二等辺三角形だから、∠DAO＝∠ADO＝35°

よって、∠AOD＝180－2×35＝110°

弧ADCに対する中心角と円周角の関係から、∠AOC＝2∠ABC＝160°

したがって、∠COD＝∠AOC－∠AOD＝50°

(3)　△ABCの内角の和から、$x+y+50=180$°

すなわち、$x+y=130$°……①

AD//BCより、∠CAD＝∠ACB＝y、また、四角形ABCDは円に内接しているので、∠ADC＝180－∠ABC＝(180－x)°

これらより、△ADCの内角の和から、∠CAD+∠ACD+∠ADC=y+32+(180－x)＝180°

これを整理して、$x-y=32$……②

①、②より連立方程式を解いて、$x=81$°、$y=49$°

次は少し複雑な問題になっていますが、基本は問題１と同様です。

問題2

下の図において、点Oは円の中心であり、弧CD：弧DE＝m：1、∠ADB＝x°のとき、次の問いに答えなさい。（慶應義塾女子）

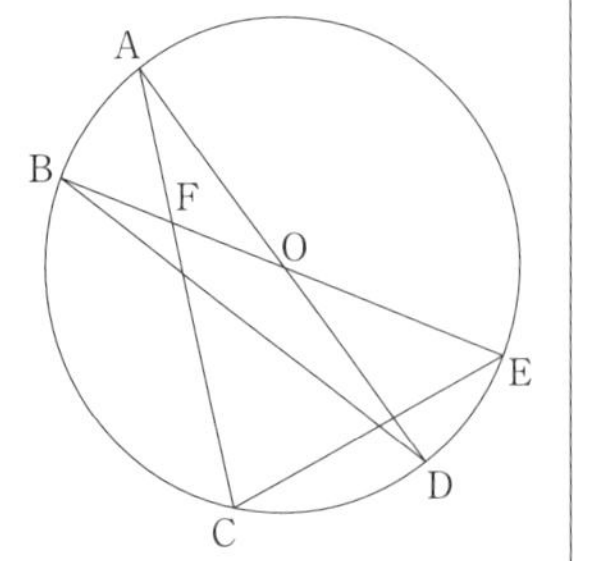

(1)　次の角度をmとxのうち必要なものを用いて表しなさい。

∠EBD、∠AOB、∠CAD、∠CFE、∠ACE、∠CEF

(2)　△CEFがCE＝CFの二等辺三角形で、mとxが正の整数であるとき、考えられるmとxの値の組をすべて答えなさい。

<考え方>

弧の長さとその弧に対する円周角は比例するという性質を利用します。

<解き方>

(1)　△BODは二等辺三角形だから、∠EBD＝∠ADB＝x°

弧ABに対する中心角と円周角の関係から、∠AOB＝2∠ADB＝2x°

∠CAD：∠EBD＝弧CD：弧DE＝m：1より、∠CAD＝mx°

△AFOの内角と外角の関係より、∠CFE＝∠CAD+∠AOB＝$mx+2x=(m+2)x$°

2点D、Eを結ぶと、∠ACEは弧AEに対する円周角だから、∠ACE＝∠ADE

また、BEは直径だから、∠BDE＝90°

よって、∠ACE＝∠BDE－∠ADB＝(90－x)°

△DOEは二等辺三角形だから、∠OED＝∠ODE＝∠ACE＝(90－x)°

∠CEDは弧CDに対する円周角だから、∠CED＝∠CAD＝mx°

よって、∠CEF＝∠OED－∠CED＝(90－x－mx)°

(2)　CE＝CFのとき、∠CEF＝∠CFEだから、(1)より、$90-x-mx=(m+2)x$ が成り立つ。

これを整理すると、$(2m+3)x=90$ だから、$x=\frac{90}{2m+3}$

mとxが正の整数であるとき、$2m+3$は5以上の奇数で、かつ、90の約数でなくてはならない。

よって、$2m+3$は、5、9、15、45の4通り。

これより、mとxの値の組は、(m, x)＝(1, 18)、(3, 10)、(6, 6)、(21, 2)

円の問題に慣れないうちは、どこに着眼して問題を解き始めるかが、なかなか見えにくいものです。これを克服するためには、より多くの問題に当たって経験を積みながら、基本定理の使い方を覚えていくことが大切です。そうするうちに同じようなパターンの問題が意外に多いことに気がつくと思います。

そうなれば解き方のコツも自然と身についているはずですから、ぜひ頑張ってください。

楽しみmath 数学！DX

円周角の定理を使った問題パターンに慣れる

登木 隆司先生
早稲田アカデミー　城北ブロック ブロック長
兼 池袋校校長

今月は、円周角の定理を学習していきます。

それでは、最初に円と角に関する定理を確認しておきましょう。

円周角の定理

1つの弧に対する円周角の大きさは一定であり、その弧に対する中心角の半分である。

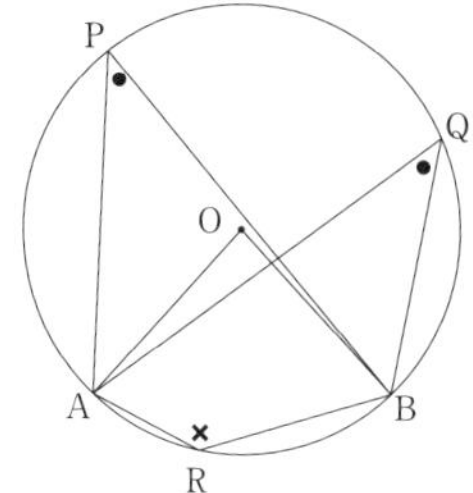

これが、円と角に関する定理の中心となるもので、右図において、∠APB＝∠AQB＝$\frac{1}{2}$∠AOBが成り立つことをさしています。

また逆に、∠APB＝∠AQBが成り立つとき、４点A、B、P、Qが同一円周上にあることが言えます（円周角の定理の逆)。

円周角の定理から、次の各定理が導かれます。

①　半円の弧に対する円周角は90°である。（半円の中心角は180°ですから、当然円周角はその半分の90°になるわけです）
②　弧の長さとその弧に対する円周角の大きさは比例する。（これも、弧の長さが中心角の大きさに比例することから明らかです）

さらに、上の図において、弧ARBに対する中心角と弧APBに対する中心角の和は360°です。よって、それぞれの弧に対する円周角は中心角の$\frac{1}{2}$であることから、∠APB＋∠ARB＝180°が成り立ちます。このことから、円に内接する四角形の角について、次の定理が導かれます。

円に内接する四角形の角の定理

①　対角の和は180°である。
②　外角は、それと隣り合う内角の対角に等しい。

それでは、これら円と角に関する性質を使って角度を求める問題を、まず見ていきましょう。

問題1

(1)　下の図１で、線分AC、BDは円Oの直径で、∠AOB＝48°である。線分BDと線分CEが垂直に交わるように、円Oの周上に点Eをとったとき、∠ODEの大きさを求めなさい。　　　（千葉県）

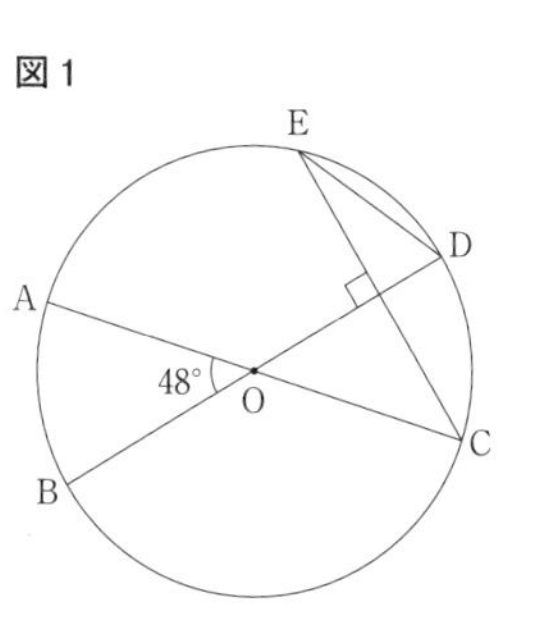

WASE-ACA TEACHERS

ニュースな言葉

Genji Monogatari

川村 宏一先生

早稲田アカデミー 教務部中学課 上席専門職

An Italian academic has translated an entire version of Genji Monogatari into Italian for the first time.

日本の古典文学に関するニュースですが、みなさん、ひと目でなんの作品のことだかわかったと思います。紫式部の'Genji Monogatari（源氏物語）'です。この文中では日本語と全く同じ読み方で表記されていますが、'The tale of Genji'と書かれることもあります。

今回の英文は難しい構文ではありませんが、少し単語が難しいかもしれません。

'academic'には「学術研究の」という形容詞と、「大学人、教授、学者」という意味の名詞があります。ここでは主語（S）になっているので、名詞になります。この文の動詞'translate（翻訳する）'は現在完了形になっていますが、よく登場する形は'translate A into B'で、「AをBに翻訳する」という意味です。さて、源氏物語を翻訳したようですが、そのあとに'an entire version of'という説明が続いています。日本語に直訳すると「全部そろっている版の」ということですが、「完全版」と言うとわかりやすいかもしれません。

ご存知の通り、源氏物語はかなりの長編なので、ただ'Genji Monogatari'と表すよりも、'an entire version of Genji Monogatari'とした方が、大作であることが伝わりますね。では、日本語に訳してみましょう。

'An Italian academic has translated／（イタリアの学者が翻訳を成し遂げた）／an entire version of Genji Monogatari／（完全版の源氏物語を）／into Italian／（イタリア語に）／for the first time.／（初めて）'

この英文に2回出てくる'Italian'を「イタリアの」と「イタリア語」とそれぞれ訳しました。このように国名から派生した形容詞を「国名形容詞」と呼んでいます。「"イタリア語"は名詞じゃないの？」と思うかもしれませんが、ほとんどがそのままの形で国語を表し、'Italian'は「イタリア語」ともなりますし、「イタリア語の」ともなります。

国名を形容詞の形にするとき、いくつかパターンがありますが、①'-an'、②'-ese、ss'、③'-ish、-ch'で終わるものに分けられます。①は'Italian、Korean、Russian'など、②は'Japanese、Chinese、Swiss'（国名は'Switzerland'）など、③は'English、French（国名は'France'）、Spanish'（国名は'Spain'）など。いずれにもあてはまらないものに'Greece（ギリシャ）→Greek（ギリシャの）'があります。

源氏物語は海外でも注目される名作なのですね。日本の風情や独特の文化がどのように外国語で表現されているのか、とても興味深いニュースです。

something extra

国名と国名形容詞について解説しましたが、「日本語の先生」は'a Japanese teacher'でよいでしょうか？　じつは、話し言葉で'Japanese'に強勢を置く（強く発音する）と、「日本語の先生」となりますが、そうでないと「日本人の先生」となってしまいます。実際の使用例では、この語順が多いのですが、はっきりと「日本語の先生」と示したければ、'a teacher of Japanese'と表現するとよいでしょう。

「手をかけ　鍛えて　送り出す」

＊東京大学（理Ⅰ）現役合格　＊早稲田大学過去最多12名合格

過去3年間　主な大学合格者数

	平成24年		平成23年		平成22年	
国公立	東京大(1)	東京工業大(1)	筑波大(1)	横浜国立大(1)	東京大(1)	東京工業大(1)
	筑波大(2)	千葉大(1)	東京学芸大(3)	埼玉大(4)	筑波大(1)	千葉大(3)
	埼玉大(4)	群馬大(2)	茨城大(1)	宇都宮大(1)	埼玉大(1)	宇都宮大(3)
私立	早稲田大(12)	慶應義塾大(2)	早稲田大(2)	慶應義塾大(1)	早稲田大(4)	慶應義塾大(3)
	上智大(2)	東京理科大(12)	上智大(1)	東京理科大(15)	上智大(3)	東京理科大(7)
	学習院大(6)	明治大(13)	国際基督教大(1)	学習院大(5)	学習院大(3)	明治大(13)
	青山学院大(5)	立教大(12)	明治大(7)	青山学院大(2)	青山学院大(1)	立教大(7)
	中央大(11)	法政大(17)	立教大(7)	中央大(6)　法政大(19)	中央大(6)	法政大(9)

■夏休み学校見学会
8月25日(土)10:00・13:00

■文化祭＆個別相談会　＊要予約
9月15日(土)・16日(日)13:00～14:00
文化祭、一般公開15日(土)13:00～、16日(日)10:00～

■学校説明会
9月23日(日)10:00・14:00
10月20日(土)10:00・14:00
11月18日(日)10:00・14:00
11月24日(土)10:00・14:00
11月25日(日)10:00・14:00
12月 1日(土)14:00
12月16日(日)10:00

■個別相談デー　＊要予約
12月20日(木)14:00～16:30
12月24日(月・祝) 9:30～15:30
12月25日(火)14:00～16:30

■昌平プレップテスト　＊要申込
(中3生対象)
11月 3日(土・祝) 8:30～12:35

国公立大学、難関私立大学をめざす

特別進学コース

新設 特進アスリートクラス
T特選クラス
特選クラス／特進クラス

MARCHから、中堅大学までをめざす

標準進学コース

選抜アスリートクラス
選抜クラス

パワーイングリッシュプロジェクト

全校生徒が
英語に強くなる！
展開中

学習面ではG-MARCH、
スポーツでは全国を目指す。
選抜アスリートクラス

《超一流の指導者続々昌平へ》

■ 藤島 信雄　サッカー元日本代表主将　本校サッカー部チームディレクター
■ 中村 誠　高校ラグビー部監督として全国制覇5回　本校ラグビー部総監督
■ 大森 国男　高校陸上競技部監督として全国制覇12連覇　本校陸上競技部監督

現役合格主義

SHOHEI 昌平高等学校

〒345-0044 埼玉県北葛飾郡杉戸町下野851 TEL.0480-34-3381 FAX.0480-34-9854 http://www.shohei.sugito.saitama.jp
● 東武日光線【杉戸高野台駅】西口より徒歩15分　直通バス5分　● 東武伊勢崎線・JR【久喜駅】東口より自転車15分　直通バス10分、路線バスあり
● 東武伊勢崎線【和戸駅】自転車8分

みんなの数学広場

答えは次のページ

TEXT BY かずはじめ
数学を子どもたちに、楽しく、わかりやすく、
使ってもらえるように日夜研究している。
好きな言葉は、"笑う門には福来る"。

初級～上級までの各問題に生徒たちが答えています。
どの生徒が正しい答えを言っているか当ててみよう。
もちろん、当てずっぽうじゃなく、実際に問題を解いてみてね。

$$\frac{1}{2}+\frac{1}{3}+\frac{1}{4}+\frac{1}{5}+\frac{1}{6}+\frac{1}{7}+\frac{1}{8}+\cdots$$

この計算を続けるとどうなる?

もう数字じゃ
表せないくらい
大きい数字になるわよ。

答え
すごく大きな
数字になる

足す数がだんだん
小さくなっていくのよね。

答え
およそ2になる

円周率に近づいて
行くんだよね。

答え
π=3.141592
ぐらい

『数学を理解するとは、数学現象を「数覚」という感覚で「見る」ことである。感覚の問題なのだから頭の良し悪しは関係ない』

この名言は誰の言葉でしょうか?

A
江戸時代の
和算家だよね!
答え
関孝和

B
インドの数学者ですね。
答え
シュリニヴァーサ・
ラマヌジャン

C
数学のノーベル賞と
言われるフィールズ賞を
取ったのよね。
答え
小平邦彦

数学と英語の問題です!
平行四辺形を英語で言うと?

A
四角形は英語で
squareでしょ。
答え
parallel square
B
僕は英語は
得意なんです!
答え
parallelepiped
C
パラレルは
「平行」という
意味です。
答え
parallelogram

みんなの
数学広場

解
答
編

上級

正解は　答え **A**

「とても大きな数になって数字で表せない」
つまり∞(無限大:infinity)です。

そのわけは

$$\frac{1}{3}+\frac{1}{4}=\frac{7}{12}>\frac{1}{2}=0.5$$

$$\frac{1}{5}+\frac{1}{6}+\frac{1}{7}+\frac{1}{8}=\frac{533}{840}>\frac{1}{2}=0.5$$

$$\frac{1}{9}+\frac{1}{10}+\cdots\frac{1}{16}>\frac{1}{2}=0.5$$

これを続けるといつでも0.5より大きい数を作ることができますから
0.5×(たくさんの数)=とても大きな数となります。

ちなみに ∞ は数字ではありません。
大きい方とか遠い方という意味なんです。

A
たいへんよくできました
Congraturation

B
TOO BAD
計算してみましょう
$\frac{1}{2}+\frac{1}{3}+\frac{1}{4}+\cdots\frac{1}{16}>2$ ですよ!

C
TOO BAD
なんとなくそれっぽいですね。
でも違います!

正解は　答え **C**

すごいですよねー。

「数学を理解するとは…頭の良し悪しは関係ない」と言いきるんですから。

でも、確かに数学はやればやるほどできる科目です。

つまり、感覚に慣れる科目なんです。

ちなみに現在の中学生・高校生の教科書の土台を作った人でもあるんですよ!

和算は計算がおもなんです。
感覚とはちょっと違います。

多くの発見をした人です。
直感的ではあったんだけどね。

正解は　答え **C**

スキーでも使いますがパラレル（parallel）はおもに数学では「平行な」という意味です。

ちなみにparallel（平行な）のうしろのgramは接尾語で「描いた」という意味です。

ですから、diagramは「図形」という意味です。

そう。それは合ってるんですが
日本語のような組み合わせでは
ないんですね。

これは平行六面体という形を
呼ぶ単語です。なんで知ってるの?

先輩に聞け！ 大学ナビゲーター

東京大学

教養学部表象文化論 専攻3年

城間（しろま） 正太郎（せいたろう）さん

理系から文転し、東大へ進学

好きな「映画について」研究をしたい

——なぜ東大を受験したのですか。

もともと映画を観るのが好きだったので、文科三類に入学し、教養学部の表象文化論を専攻しました。

ただ、ぼくの場合は少し特殊かもしれません。文転して東大に入ったんです。

中学から鹿児島のラ・サールに通っていました。そのときから東大や医学部をめざす人が多くて、ぼくも高校にあがるときには理系を選択しました。

ところが、あまりにもその選択の時期が早すぎて、文系・理系どちらがいいのかわからないまま理系を選んでいたので、だんだんと自分は理系よりも文系の方が得意なことに気がついたんです。

それで、そのままなんとなく理系で勉強するよりも、自分のやりたいことをやる方がいいと思い、浪人し文転して、東大をめざしました。

——東大に入学してみてどうですか。

表現文化論は、映画や演劇に強いイメージで、文学・音楽なんでもできます。アカデミックでまじめな人たちばかりです。思っていたよりもみんな研究熱心で、ほかのことを忘れて研究に没頭する人もいます。

——どんなことを勉強していますか。

ぼくは映画の研究に興味があるのですが、フランス現代思想などの哲学や、戦後日本美術、文学も勉強しています。

いまは基礎をきっちりと勉強して、そこから自分のやりたい映画研究につなげていきたいと思います。ハリウッドやフランス映画の古いものなど、さまざまな種類の映画を研究し、卒業論文も映画に関することを書こうと思っています。

表象文化論には、一風変わった授業もあります。

現代アートに関する授業で、始めは講義だったのですが、昨年は初の試みで、自分たちで展覧会を開きました。一定期間、学校の場所を貸しきって行う展示で

1 受験生へのアドバイス

きちんとした生活リズムを保つことが大切だと思います。

勉強を休んでしまうとリズムは崩れてしまうので、せっぱ詰まってしまったとしても、頑張って食らいついてください。

結局は勉強をやっていた人が受かると思います。逃げないで、一生懸命こなしてリズムを保ってください。

2 得意教科

国語と英語です。国語に関しては、小さいころからよく本を読んでいました。なかなか小手先でできる教科ではないし、その影響が大きいと思います。

受験だと暗記も大切ですが、大学生になると暗記よりも自分で考えることの方が多いので、国語はきちんと勉強しておくといいと思います。

英語は、姉の影響で洋楽を聞いてから好きになりました。曲を聴いて、自分で単語を調べたりしていました。外国語は耳に慣れるのが大事だと思います。

3 上京してきて

地元は沖縄です。中学からは鹿児島の寮に入って生活していました。

沖縄、鹿児島と田舎しか知らないので、上京してきて、やはり人の多さにはびっくりしました。最初は１人暮らしが大変でした。

あと関東の人だと、高校や塾がいっしょだったり、大学に入った時点で知り合いがいることもありますが、ぼくは上京してきたばかりだったので、最初は友だちをつくるのが大変でした。でも五月祭（文化祭）でみんな仲良くなりました。

4 苦手教科

数学です。理系にいたのですが、数学はずっと苦手で向いていないと思いながらもやっていました。

数学は1回ついていけなくなるとそこから大変ですよね。いろいろな参考書には手を出さず、繰り返し復習するなど、基礎的なことをやるようにして、克服しようと努力しました。

す。10人くらいのメンバーで、広報などの裏方と作品を作る人に分かれ、ぼくは風船をたくさん浮かべて、そこに映像を映す作品を制作しました。

最初に風船を浮かべるというアイディアが出て、そこに街の風景などの映像を映し出し、「現代人が抱えている浮遊感」を表現したらおもしろいんじゃないかと思ったんです。

このように新しいことができるところが表象文化論の特徴です。

また、うちの学科はゼミはないのですが、少人数制で質の高い授業がつねに受けられますし、教授人も優秀なかたがたが集まっています。

珍しい点は、外国語の比重がとても大きいことです。大学の後期になってもなお、専門としてではなく、教養として外国語を学びます。外国人の先生の授業や、英会話、英語でレポートを書くなど、とても充実しています。

表象文化論の授業は留学生が受講する授業も多くて、受講生の半分くらいが留学生だったりもします。ヨーロッパ、アジア、アメリカ、いろんな国からの留学生といっしょに授業を受けています。

——ほかの学科との交流はありますか。

ほかの学科でも表象文化論の授業を受けることができるし、ぼくもほかの学科の授業をとることができます。

ちなみに、「表象文化論」は学科ではなく、その下の分科なんです。人数も全員で8人と少なく、他の分科と合体して学科としてみなされています。

——将来就きたい職業はありますか。

大学院に残って映画に関する研究をするか、就職するか、まだ迷っています。

勉強にしてもなににしても、1つのことをずっとやるのは得意なのですが、大学院でも研究をさらに続けるとなると、いまはまだ少し不安です。

3年生はこの時期が分かれ目になっています。就職するとすれば、メディア関係、出版関係にうちの学科は強いです。美術館のキュレーター（企画を行う博物館の学芸員）もいいと思いますね。

ミステリーハンターQの歴男歴女養成講座

ミステリーハンターQ（略してMQ）

米テキサス州出身。某有名エジプト学者の弟子。1980年代より気鋭の考古学者として注目されつつあるが本名はだれも知らない。日本の歴史について探る画期的な著書『歴史を堀る』の発刊準備を進めている。

山本 勇

中学３年生。幼稚園のころにテレビの大河ドラマを見て、歴史にはまる。将来は大河ドラマに出たいと思っている。あこがれは織田信長。最近のマイブームは仏像鑑賞。好きな芸能人はみうらじゅん。

春日 静

中学１年生。カバンのなかにはつねに、読みかけの歴史小説が入っている根っからの歴女。あこがれは坂本龍馬。特技は年号の暗記のための語呂合わせを作ること。好きな芸能人は福山雅治。

東京オリンピック

高度経済成長最盛期の1964年に開催された東京オリンピック。日本が国際社会へ復帰したことを表す象徴的な出来事となった。

勇 ロンドンオリンピックでは、日本の選手が活躍しているけど、日本でもオリンピックが開かれたことがあるんだよね。

MQ 夏季は1964年の東京オリンピック、冬季は1972年に札幌オリンピック、1998年に長野オリンピックが開催された。

静 その3回だけなの。

MQ 1940年に夏季は東京で、冬季は札幌で開催する予定だったんだけど、その前年に第二次世界大戦が始まったために中止になってしまったんだ。

勇 1964年というと、日本は高度経済成長の最盛期だね。

MQ 第二次世界大戦が終わって19年。日本も敗戦の痛手から立ち直って、オリンピックが開催できるところまでこぎ着けたという感じだね。

静 国際社会に復帰したってこと？

MQ うん。感無量だったね。

勇 アジアで初めての大会だったんでしょ。

MQ そうだね。参加国は93カ国で過去最高。日本は初めて競技種目に入った柔道などで、16個の金メダルを獲得したんだ。日本の金16個はいまだに過去最高だ。

静 どんな選手が活躍したの。

MQ 金メダルをとった女子バレーボール。彼女たちは「東洋の魔女」と呼ばれた。体操では男子個人総合と平行棒で遠藤幸雄、男子団体総合も金メダルだった。レスリング、柔道、ウエイトリフティング、ボクシングなどでも金メダルを獲得した。

勇 東京オリンピックは、どんな影響を国民に与えたの？

MQ 戦争に負けた国民に自信を与えることになった。また、世界に対して、平和国家として再建された日本をアピールすることができた。さらには、首都圏の高速道路が整備され、大会に合わせて東海道新幹線の東京—新大阪間が開通した。オリンピックをカラーテレビで見ようと、カラーテレビ購入者が増え、オリンピック景気ともいわれた好景気をもたらしたね。

静 その後、日本では半世紀近くも夏季オリンピックは開催されてないわね。

MQ ロンドンの次の2016年はブラジルのリオデジャネイロで開催することが決まっているが、日本オリンピック委員会などは2020年の大会を東京に誘致することを決め、すでに第1次選考は通過しているんだ。実現する可能性は少なくないと思うよ。

教えて！
マナビー先生
プロフィール
日本の某大学院を卒業後海外で研究者として働いていたが、和食が恋しくなり帰国。しかし科学に関する本を読んでいると食事をすることすら忘れてしまうという、自他ともに認める"科学オタク"。

世界の先端技術

Solar Impulse

太陽エネルギーだけで24時間以上飛ぶ飛行機

すでにスペインからモロッコへの大陸間飛行も成功させているSolar Impulse（©Solar Impulse | Jean Revillard）

太陽の光からエネルギーを作り出す太陽光発電は、エコでクリーンなエネルギーとして注目を浴びている。太陽エネルギーだけで動く車のレースも世界各地で盛んに開催されている。じつは、車だけでなく、太陽エネルギーだけで飛ぶ飛行機というものがあるんだ。ちょっと信じられないけれど実際に飛んでいるよ。

Solar Impulse（ソーラーインパルス）と呼ばれるこの飛行機は、スイス連邦工科大学ローザンヌ校で開発された太陽電池だけで飛行する飛行機だ。すでに24時間を超えるフライトを成功させ最終的な目標は世界一周。来年か再来年には実現したいと研究者たちは意気込んでいる。

開発は2003年ごろから始められたのだけれど形にしていくのは、それは大変だった。太陽エネルギーだけで飛べるように、限りなく軽くて、十分強度のある機体をつくるところからスタートした。軽い炭素繊維とハニカム構造を利用することで、なんとかこの問題を解決した。

また、太陽のエネルギーが十分ある昼間には、太陽の光で発電した電気でプロペラを回し、余った電気をバッテリーに貯めることで、夜間、太陽の光がないときでも飛べるように設計された。十分な電力を得るために１万２千個もの太陽電池が主翼と水平安定板の上に張られた。バッテリーと太陽電池の量が多く、主翼の長さは63.4mにもなった。太陽電池は一部の太陽電池に問題が発生するとショートして全体が使えなくなるという難点もあったが、回路設計を工夫することで解決した。

フライトの仕方もエネルギー効率を考え、昼間電力が十分あるときはプロペラの力でゆっくりと上昇し、できるだけ空気の抵抗が少なく、雲のない高高度まで上昇する。高高度では大気による光の減衰も少なくなるので効率よく発電することもできるのだ。太陽が沈み始めると発電量が落ちてくる。このタイミングで操縦士はモーターへの電源供給を減らしてゆっくりと高度を下げていく。1500mまで降下すると貯めておいたバッテリーから電源をとってプロペラを回すのだ。こうして、翌朝太陽が昇るまでバッテリーで飛ぶことができるまでになった。

現在の機体ではパイロットも１人しか乗れないけれど、次の機体は２人乗りで、もっと長い時間飛べるようになるという。ジェット機のように速くはないけれどエコで夢のある飛行機だよね。

by FUMIYO
ナースでありママでありいつも元気なFUMIYOがみなさんを元気にします！

今月のテーマ ドコサヘキサエン酸(DHA)

ハロー！　FUMIYOです。夏休み、みんな体調崩さずに過ごしてる？　この暑いなか、私は外へ出かけると、ついつい水分を取るのを忘れて、身体がだるーくなっちゃって、気がつくとあわてて水分を取っています。これって、熱中症かも!?　みんなも熱中症にならないように、こまめに水分を取りましょうね。

そうそう、水分だけでなく、さらに取ってほしい食べものがあるの。それも頭がよくなる成分が含まれている食べもの！　すごーく気になるその成分は、「ドコサヘキサエン酸」です。聞いたことないかな？　ドコサヘキサエン酸はその略称である「DHA」と呼ばれることが多いから、そっちの方が聞いたこともあるかもね。今回のテーマは「ドコサヘキサエン酸」です。

ドコサヘキサエン酸（DHA）は、人間の身体のなかでは作り出すことができません。食品からしか摂取することができない多価不飽和脂肪酸の１つで、必須脂肪酸です。このDHAは脳や神経の発育、機能維持に不可欠の成分で、人間の体では、脳細胞に多くあります。

DHAには集中力を持続し、落ち着きを持たせる働きがあるそうですから、脳細胞内のDHA量が減ると、神経の働きが低下して、情報伝達能力がスムーズにいかなくなってしまいます。つまり、学習能力が低下してしまうということです。簡単に言えば、『脳内のDHA量が減る＝学習効率低下』となりますから、効率よく学習するためには、DHAの多く含まれている食品を摂取するといいですね。

では、どんな食品にDHAは多く含まれているのでしょうか？　青魚や脂の多い魚に多く含まれています。魚の目の周囲（とくにマグロの目の周囲）の脂肪に多いと言われています。脂がのった旬の時期の魚がお勧めです。

マグロ、タラコ、サバ、ウナギ、ブリ、タイ、イワシ、シャケ、サンマ、アジ、カンパチ、シマアジ…などがあります。暑い時期には、さっぱりとお刺身などのメニューはいかが。お家で手巻き寿司というのもいいですね。ドコサヘキサエン酸は身体にはとても必要な成分で、食品からでないと体内に取り込むことができませんから、学習効率をあげるために、お魚を心がけてとってみましょう。

Q1　１日の望ましいDHA摂取量は何gでしょう。
①0.3g　②1g　③5g

正解は②の1gです。
１日に必要なDHAの摂取量は１gと言われています。DHA1gは、サンマなら１匹、イワシなら２匹に相当します。秋に向かって旬を迎えるサンマは、とってもお勧めですね！　お刺身ではマグロ（トロ）４～５切れ、ブリ６～７切れくらいと言われています。サバの水煮缶やイワシの缶詰も忙しいときには有効に使って食べてくださいね。

Q2　一番多くDHAを身体に取り込める調理方法はどれでしょう。
①生のまま　②煮物　③揚げ物

正解は①の生のままです。
生のまま、新鮮な魚をおいしく調理するのが一番体内にDHAを取り込めます。煮たり焼いたりすると、生のときに比べ80%、揚げ物では50%に減ってしまいます。火を通す場合にはホイル焼きにしたりと、脂肪をなるべく逃がさないように工夫するとよいですね。

あれも日本語　これも日本語

「愛」という言葉

現代の日本では「愛」という言葉が氾濫(はんらん)しているね。とくに男女の間の「恋愛」という意味で使われることが圧倒的に多いようだ。でも、「愛」は「恋愛」だけの意味じゃないんだ。

英語では「Ｌｏｖｅ」国語辞典には「①かわいがり、いつくしむこと　②男女が思い合うこと　③大切に思うこと」なんて書いてあるけど、古語では「愛」は「かなし」と読んで、相手をいとおしく思うという意味だった。

日本では、江戸時代までは「愛」はあまり一般的な言葉ではなかったんだ。戦国時代、上杉家の重臣、直江兼続が漢字の「愛」を前面にあしらった兜(かぶと)を愛用していたけど、あの意味は「慈悲」に近いようだね。

明治維新後にキリスト教が解禁になると、「神の愛」という形で、「愛」が急速に広まっていった。ただ、その場合も隣人に対する「愛」、家族に対する「愛」であって、「恋愛」のことだけではなかったんだ。

「恋愛」以外でも「夫婦愛」「兄弟愛」「親子愛」「師弟愛」「友愛」「郷土愛」「祖国愛」「人類愛」などもある。そのほかにも「母性愛」「慈愛」「自己愛」なんていうものもある。「愛」の概念は非常に幅広いことがわかるよね。

日本の法律で初めて「愛」という言葉が登場したのは日本国憲法なんだ。その前文には「日本国民は（中略）平和を愛する諸国民の公正と信義に信頼して、われらの安全と生存を保持しようと決意した」（原文は旧漢字、旧かな遣い）と書かれている。

ところで、お隣の中国の簡体字の「愛」には「心」がないって知ってるかな。簡体字を作る際、「心」をなくしていいのか、という議論があったという話もある。

いまや、日本は「愛」という言葉があふれているけど、究極の「愛」とはその人や対象のためなら、自分の生命を投げ出してもかまわない、という思いではないだろうか。「愛」とはそれほど深く、強い気持ちを表しているんだ。

テレビドラマやアニメなんかでは、簡単に「愛」を口に出す場面が多いけど、軽々しく「愛してる」なんて言うのは考えものかもしれないね。

産経新聞 編集委員 大野敏明

今月のキーワード

レアアース

検索

みなさんはレアアースをご存じですか。日本語では希土類（きどるい）といいます。元素記号21のスカンジウム、同39のイットリウムなど17の元素からなるグループの総称です。

全世界の埋蔵量は約9900万トンと推定され、決して少なくはないのですが、他の物質と混じって産出することが多く、分離精製することが難しいことから、希少ということで、レアアースと呼ばれています。価格も年々上昇しています。

このレアアースが、いま日本、アメリカ、ＥＵ、中国で大きな問題となっています。

レアアースは磁石や磁性体、光ディスク、レーザー、光ファイバー増幅器、コンデンサー、超伝導材料の生産には欠かせないものです。これらのメインの生産国である日本は、世界のレアアースの半分を消費しています。

レアアースがないと、モーター、バイブレーター、液晶ガラス、蛍光灯、いま節電で大人気のＬＥＤなどが生産できません。

携帯電話、地デジ対応テレビ、ハイブリッド車、パソコン、オーディオシステムなどを生産し続けるにはレアアースが欠かせません。

ところが、レアアースの95%以上は中国の内モンゴル自治区で生産されているのです。しかも埋蔵量の97%もこの地区にあるとされています。

したがって、日本はレアアースのほとんどを中国からの輸入に頼ってきたのですが、昨年あたりから、中国からの輸入量が極端に減少し、逆に価格は大幅に上昇しています。

こうしたことから、中国以外の生産地からの輸入を模索するとともに、日本、アメリカ、ＥＵは中国がレアアースの輸出を故意に制限しているとして、今年の6月、ＷＴＯ（世界貿易機関）に共同提訴しました。これに対し、中国は輸出の制限はしていないと否定してます。

レアアースなどを含んでいる海底鉱物資源の「コバルト・リッチ・クラスト」(報道陣に公開された海洋資源調査船「白嶺(はくれい)」内で撮影)時事　撮影日:2012-03-21

そんなおり、日本の領土である南鳥島の排他的経済水域（ＥＥＺ）の海底に、レアアースが大量に埋蔵されていることが、東大の研究チームによって確認されました。

推定埋蔵量は、日本の使用量に換算して230年分といいます。これが事実なら、日本もアメリカもＥＵも中国からの輸入に頼る必要がなくなり、安定的な価格で供給できるようになります。

東大チームは引き続き、南鳥島周辺海域の調査を行っていますが、日本にとってはうれしいニュースとなりました。

グローバルな探究力を育て 東大などの最難関国立大を目指す S特コースを新設

安田学園は、将来地球規模の問題を解決できるグローバル・リーダーとなる資質を育てるため、今年度からグローバルな探究力を育て東大などの最難関国立大を目指す「S特コース」を新設しました。

探究力を育てる授業

探究力は、教え込まれた知識だけでは育ちません。

そのため、S特コースでは1・2年生で「探究」の時間を設けています。

そこでは、まず個人やグループで気づいた疑問や課題に対し、仮説を考え、それが正しいかどうか観察や実験、調査を行い、論理的に考察し探究します。

また、これらの活動の過程において新たな疑問や、仮説が発生することもあります。

このサイクルを通じ、疑問・仮説を高次に発展・深化させることにより、根拠をもって論理的に考える力が育ち、将来培って欲しい創造的学力へとつながります。

また、探究の成果は、論文にまとめ発表する機会を多く設定しています。

そして、2年次に実施されるシンガポールフィールドワークにおいては、現地の大学生に英語でプレゼンテーションし、ディスカッションを行うことを通じ、グローバルな感性も創生していきます。

S特特待入試

●特待合格者は入学金・施設設備費・原則3年間授業料免除
●都立日比谷類型問題

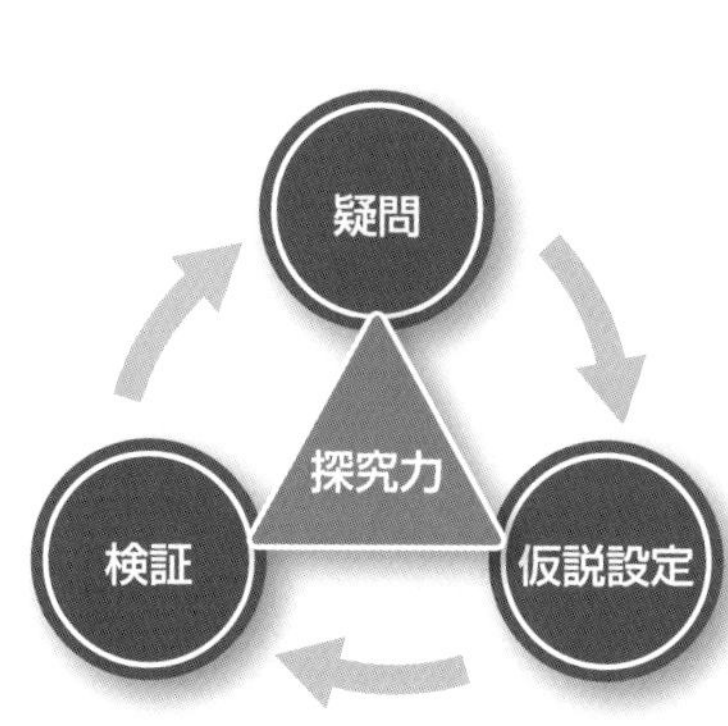

知の構造を革新する

いっぽう、教科学習においては関連付けて考える力、論理的思考力、複眼的・批判的思考力を育てる「自ら考え学ぶ授業」をさらに一歩進め、答えるとき「必ず理由を言わせる授業」を展開しています。

このような授業や探究により、根拠をもって論理的に考え自分の言葉で表現する力を育てます。

さらに、知識を表層のみでとらえることなく、自己の興味関心を喚起しつつ「学びの主体」としての自分を意識することができるようになります。その結果、目標実現のための莫大な知識を主体的に習得することができ、能力を飛躍的に向上させることができます。

安田学園では、これを「知の構造を革新する」と言っています。

この力は、将来大切になる創造的学力のもとになるだけでなく、東大入試で求められている力でもあります。

なぜなら、東大入試問題の問いでは、現代文「・・・とはどういうことか説明せよ」「・・・なぜそういえるのか、説明せよ」、化学「それぞれについて理由を説明せよ」、日本史「・・・にどのような影響をもたらしたのか、・・・5行以内で述べなさい」など、単なる知識ではなく、本質的な学力が問われているからです。

東大進学を実現する入試直前まで続く熱い指導

このような学びをバックアップし、効果的な学習法を習得させるため「一人ひとりに最適なアシスト」を行っています。その一つが「学習法探究合宿」です。そこでは4～5名の生徒に対し授業担当者がマンツーマンで学習の様子を確認し、個々にアドバイスを与えていきます。

また、「なりたい自分」を「なれる自分」に高めるために、職業研究や東大の研究室訪問、東大卒の教員の話を聴くなど東大の魅力を探る東大研究会、学部学科研究などを通し本質的な進路指導を行います。

さらに、夏・冬休みの「東大対策講座」、放課後の「弱点克服講座」、2年生春休みの「進学合宿」を実施。また、2年生後半から3年生2学期までは放課後2時間の「進学講座」を実施します。さらに、12～1月には、10日間模擬問題を解き続ける「センター模試演習」で得点力アップを図り、センター試験後は2次直前演習で総仕上げをし本試験に突入していきます。

このように、S特コースでは進学指導と本質的な教育が一体となって、生きがいをもって活躍できるグローバル・リーダーとなる資質を育てつつ、東大への現役進学を目指します。

学校説明会

9月8日（土）14：30
10月13日（土）14：30

安田学園高等学校

〒130-8615 東京都墨田区横網2-2-25
TEL：03-3624-2666　入試広報室：0120-501-528
【アクセス】JR両国駅西口徒歩６分
都営地下鉄大江戸線両国駅Ａ１口徒歩３分

『理系の子　高校生科学オリンピックの青春』

著／ジュディ・ダットン
訳／横山 啓明
刊行／文藝春秋社
価格／1700円＋税

『理系の子　高校生科学オリンピックの青春』

きっかけは人それぞれ
科学に魅入られた高校生たちの物語

インテル国際学生科学技術フェア（以下、ＩＳＥＦ）って知ってるかな？ １年に１度、世界40カ国以上から１５００人以上の高校生が集い、それぞれの研究を発表するコンテストのことで、日本からも毎年、特定の科学コンテストで選ばれた高校生が参加しているんだ。

このＩＳＥＦに参加した高校生のなかから、２００９年の参加者を中心に11人のアメリカの高校生が登場し、どんな研究でフェアに参加し、また、どんなきっかけでその研究を始めたかを書き綴っているのが、本書『理系の子』だ。

目次を見てみると、いきなり第1章から「核にとり憑かれた少年」という興味を覚えずにはいられないタイトルが。

彼、テイラー・ウィルスンは、幼いころから科学が好きだった。それが高ずると、なんと10歳のときには自分で爆弾を作り、その後は放射性物質に興味を示すようになった。両親は心配で仕方なかったが、彼は周りの人に恵まれ、助けられながら、とうとう14歳で原子炉（もちろん小さなものだけれど）を作ってしまった。それを２００９年のＩＳＥＦに出展したのだ。

ここまでの話を読むと、原子炉を作ると言われてもピンと来ないし、「要するに天才ばっかりが集まるコンテストか」と思うかもしれない。でも、そうじゃない。そのほかの10人のエピソードもぜひ読んでほしい。

登場する彼、彼女らは、必ずしもだれもが認める天才というわけではないし、それどころか家庭環境に問題があったり、それまでは科学が苦手だったり、まともに勉強する環境がなかったりという子どもたちなんだ。

そんな状況のなかで、なぜ彼、彼女らがＩＳＥＦに参加できたのか。国籍は違っても、同じ年ごろの少年少女のさまざまなエピソードは、みんなにとって、とても刺激的なものになるんじゃないだろうか。

巻末には、特別寄稿として、２０１１年のＩＳＥＦに参加した県立千葉高校の田中里桜さんの体験談も掲載されている。

SUCCESS CINEMA

サクセスシネマ vol.31

教師と生徒 感動の物語

機関車先生

2004年/日本/日本ヘラルド映画/監督:廣木隆一/原作:伊集院静

「機関車先生」スペシャル・エディション 3,990円(税込)
発売:日本ヘラルド映画　販売:ハピネット

踏み出せば道は必ずそこにある

もし言葉を発することができない先生が、クラスの担任になったとしたら、どうでしょうか。きちんと授業を教えられるのか、生徒とコミュニケーションをとれるのか、そんな疑問が沸いてくるのは、当然のことでしょう。

舞台は瀬戸内海にある過疎化の進むとある漁村。生徒数たった7人の小学校に赴任してきた機関車先生こと吉岡先生(=坂口憲二)は、言葉を発することができません。しかし、周囲の心配をよそに、ユニークな授業方法で生徒たちの心を引きこんでいきます。

大きな身体、実直な人柄で、次第に機関車先生は生徒や村の人々に慕われていくのですが、そこにはいくつかの問題も生じていました。さらに、台風の影響で海が大しけとなったある日、よからぬ事故が起こるのです。

さまざまな問題が起こるなか、機関車先生が和解への道を見出すことができた唯一の手段とは、いったいなんだったのでしょうか。原作は伊集院静の小説。先生にも生徒にも、将来に光を感じられるラストシーンが印象的です。

いまを生きる

1989年/アメリカ/タッチストーン・ピクチャーズ/監督:ピーター・ウィアー

「いまを生きる」ブルーレイ発売中
2,500円(税込)

奮える感動のラストシーン

教師と生徒という関係を強く描いた映画の代表作と言えば、なんといっても「いまを生きる」ではないでしょうか。

全寮制で規律の厳しい英国のエリート高校に、当校のOBでもあるキーティング先生(=ロビン・ウィリアムズ)が赴任してきます。

本来ならば、無限の可能性が広がっているはずの高校時代という青春期。しかし、あり余るエネルギーを厳しい規律に抑えつけられている生徒たちを目の当たりにしたキーティング先生は、型破りとも言える手法で、生徒たちの心を解き放っていきます。しかし、それがときには不測の事態を巻き起こすことも…。

劇場が静まり返るほど緊張感あふれるエンディングは、哀しくもあり、それでいて見ている人に勇気を与えるシーンとなっています。

「Oh Captain!　My Captain!」(船長よ!　我が船長よ!)と、教え子(=イーサン・ホーク)が言い放つシーンは、まさに映画史に刻まれる名場面と言えるでしょう。本作はアカデミー脚本賞を受賞。映画をもとに小説も出版されました。

フリーダム・ライターズ

2007年/アメリカ/パラマウント映画/監督:リチャード・ラグラヴェネーズ

「フリーダム・ライターズ」スペシャル・コレクターズ・エディション
DVD発売元:パラマウント ジャパン　1,500円(税込) 発売中

話題を呼んだ高校生の実録日記

まさかこの映画が実話だとは…。

舞台はアメリカのロングビーチにある公立高校の落ちこぼれクラス。その生徒たちの心の傷と葛藤を、自らの言葉で赤裸々に記した日記が、実際に本として出版されることになったのです。そして、この日記の綴られた背景こそが、本作のストーリーとなっています。

ロサンゼルスの暴動、止まらぬ犯罪、殺人、貧困、そして人種間の闘争。そんな荒れ果てた1990年台前半のアメリカ社会に、強い志を持った1人の新米教師エリン・グルーウェル(=ヒラリー・スワンク)が立ちあがります。

あまりにも荒んだ世の中に生きる価値を見い出せず、心に傷を抱え込む高校生たち。そんな生徒たちに、国語教師であるエリンは、日記という形で文章を書かせ始めます。そこに描かれていた内容は、現実のものとは思えぬ悲惨なことばかり。それはまさに生徒たちの心の痛みであり、アメリカ社会の抱える根深い闇でもありました。

はたして生徒たちは、自らの人生を立て直すことができるのでしょうか。

世界の消費税ランキング

今回は世界の消費税率ランキングだ。消費に対して課される税金・消費税は、中学生のみんなにとっても身近な税金だね。日本では1989年に導入され、1997年に5％へ、そして今年の6月には10%への引き上げが衆議院本会議で可決され、国民の注目を大きく集めている。じつは現在の日本の5％という消費税率は世界で見ると一番低いんだ。消費税について、世界のデータも参考にしながら考えてみよう。

順位	国名	地域	消費税率(%)
1	**アイスランド**	**ヨーロッパ**	**25.5**
2	スウェーデン	ヨーロッパ	25
	デンマーク	ヨーロッパ	25
	ノルウェー	ヨーロッパ	25
	ハンガリー	ヨーロッパ	25
6	ルーマニア	ヨーロッパ	24
7	ギリシャ	ヨーロッパ	23
	クロアチア	ヨーロッパ	23
	フィンランド	ヨーロッパ	23
	ポーランド	ヨーロッパ	23
	ポルトガル	ヨーロッパ	23
12	ラトビア	ヨーロッパ	22
	ウルグアイ	南アメリカ	22
14	アイルランド	ヨーロッパ	21
	ベルギー	ヨーロッパ	21
	リトアニア	ヨーロッパ	21
	アルゼンチン	南アメリカ	21
18	アルバニア	ヨーロッパ	20
	アルメニア	ヨーロッパ	20
	イギリス	ヨーロッパ	20
	イタリア	ヨーロッパ	20
	ウクライナ	ヨーロッパ	20
18	ウズベキスタン	ヨーロッパ	20
	エストニア	ヨーロッパ	20
	オーストリア	ヨーロッパ	20
	スロバキア	ヨーロッパ	20
	スロベニア	ヨーロッパ	20
	タジキスタン	ヨーロッパ	20
	チェコ	ヨーロッパ	20
	ブルガリア	ヨーロッパ	20
	ベラルーシ	ヨーロッパ	20
	モルドバ	ヨーロッパ	20
	マダガスカル	アフリカ	20
	モロッコ	アフリカ	20
35	フランス	ヨーロッパ	19.6
	モナコ	ヨーロッパ	19.6
37	カメルーン	アフリカ	19.25
38	オランダ	ヨーロッパ	19
	ドイツ	ヨーロッパ	19
	チリ	南アメリカ	19
	中央アフリカ	アフリカ	19
	ニジェール	アフリカ	19
145	日本	アジア	5

データ：全国間税会総連合会（平成23年度版）

Educational Column

15歳の考現学

学校の独自性を打ち出す動きから
生徒の個性を活かす
本来の教育につながってほしい

私立★INSIDE

私立高校受験

2012年度
埼玉県私立高校入試結果

公立★CLOSE UP

公立高校受験

大きく変化している
首都圏の公立高校入試

BASIC LECTURE

高校入試の基礎知識

学校説明会に行く前に
高校入試用語辞典 下

受験情報

monthly topics 1

千葉公立

前期第2日に独自問題実施校3校

千葉県教育委員会は7月11日、来春2013年度入試の学力検査詳細を公表した。前後期ともに国語、数学、英語、理科、社会5教科の学力検査を実施、ともに国語の問題は放送による聞き取り検査を含む。英語の問題は放送によるリスニングテストを含む。

前期選抜では、2013年2月12日（火）に5教科の学力検査を実施し、13日（水）に各学校の特色に応じて1つ以上の検査を実施する。注目の第2日の検査の内容はほとんどが面接だが、「学校独自問題による検査」を実施する学校として、千葉東（普通科）、君津（普通科）、千葉市立稲毛（普通科、国際教養科）の3校4学科がある。詳しくは千葉県教育委員会ホームページへ。

埼玉公立

「2012年度入試解説」を公表

埼玉県教育委員会は6月、埼玉県立総合教育センターのホームページに2012年度入試問題の解説を掲載した。それぞれの設問について、出題の意図とともに解答を導き出すための考え方まで言及しているので、過去問を解くときの参考になる。「埼玉県立総合教育センター」のホームページ内「入試情報・説明会案内」をクリック。

なお、同じページ掲載の選抜要項や選抜基準も7月初旬に更新されているので目を通しておきたい。

Column 71

15歳の考現学

学校の独自性を打ち出す動きから 生徒の個性を活かす 本来の教育につながってほしい

森上（もりがみ） 展安（のぶやす）

森上教育研究所所長。1953年、岡山県生まれ。
早稲田大学卒業。進学塾経営などを経て、1987年に「森上教育研究所」を設立。「受験」をキーワードに幅広く教育問題をあつかう。近著に『教育時論』（英潮社）や『入りやすくてお得な学校』『中学受験図鑑』（ともにダイヤモンド社）などがある。

公立高校の入試制度が「独自色重視」へと変わる

都立の高校入試制度の変更について先月の本欄で触れましたが、新学習指導要領の実施に伴い北関東の茨城、群馬、栃木などでも入試制度の変更が予定されています。

それについて筆者は先日、栃木県で保護者を対象にお話しする機会をいただいたので、地元の関係者に少しご教示をいただきました。

その北関東の変化のポイントは、1つは、学校長の推薦による推薦入試制度から各校が特色を打ち出して生徒が志願する推薦制度に切り変わる、とのことでした。

これは筆者の不明を恥じなければなりませんが、未だそうした推薦制度が残っていることさえ念頭にありませんでした。

ただし、こと栃木に関していえば県立校の推薦入試枠は極めて限られており、トップ校ではそもそも推薦入試がないか、あっても10％程度というのですから、まったくの学力入試一本に近いわけです。その学力選抜というのも内申の比重はトップ校では10％程度しか評価しないというのですから、なんのことはない、推薦や内申を取り入れる前の「学力調査一本やり」のころとほとんど同じ入試が現在でも行われているということになります。

ただ、それでは入試問題が現在の全県立同テストではあまりにもやさしい。そのため学力向上のモチベーションがあがらず、ひいては有名大学合格もおぼつかなくなります。

じつはもう1つ、変更のポイントとして学校独自入試というものが導入される、とのこと。これは上記のような事情で、先行する東京都などの方策を取り入れることになったのでしょう。トップ校の生徒の学力維持という側面がある、といえます。

これは神奈川県の入試改変とは逆ベクトルで、神奈川県は県立難関校で行われていた独自入試を廃止する予定です。さすがに高校入試は設置者たる都県など行政の方針の違いが出やすいといえます。

ただ、その神奈川にしても特色選抜ということは掲げており、公立高校は一応、各校の独自性を出して、それにふさわしい生徒に来てもらおう、という「私学化」ひいては「私事化(プライバタイゼーション)」が、入試制度変更の大きなファクター(要因)であることがわかります。

鶴岡中央の英語教育に見る スローだが確実な成果

その独自色を学校（教育）側が打ち出す、ということについて先日、山形県立鶴岡中央高校の英語の実践授業について講演をしてもらい、筆者としてはとてもおもしろかったので、以下少しお伝えしたいと思います。というのもそこでは高1〜2の2年間にわたって高1の教科書を使った授業をする、という手法で、達成度の指標の1つであるGTEC（英語で、読む・聞く・書く・話すの4技能について総合的なコミュニケーション能力を測定）の得点が前学年の同時期の2倍になったという報告です。

その前年度の生徒の方が入学時の成績もよかったそうですが、2年間同じ教科書を使う実践をした当学年の生徒の読む、書く、聞く、話すの4パフォーマンスの評価がいずれも高く出た、ということです。

これを指導された東京学芸大特認教授の金谷憲先生によれば、中学校レベルの英語技能がそもそも定着していればかなりのことができるのだそうです。この県立高校は中堅校だそうですが、繰り返し教材にしっかり取り組むことによって全体の英語力が飛躍的にあがったというのも、単に「繰り返し」だけではなく必要な指導時間をしっかりとった、ということも好結果につながったかもしれないと述べておられました。こういう実践報告を聞くと、まさにこうした独自の取り組みができるよさを感じることができます。

しかし、公立高校は地域全体の水準をあげることもしやすい仕組みなので、この独自なその学年だけの取り組みから、学校全体ひいては県下全体によい試みが広がってほしいものだ、という期待を持ちました。

ただ一方で、まさに授業は先生1人ひとりの努力と工夫の賜物でもありますから、こうしたよい実践を、例えば金谷先生のような研究者がよさを認めてカリキュラム化し、他の学校でも実践しやすくするという支援が必要だ、とも思います。

それはさておき、この独自性が光っているのは世間や保護者にありがちな特進志向、早期教育志向とはまったく逆に「じっくり」と「繰り返し」というスロースタイルで成果をあげているという点です。それは過日、本やNHK番組にもなった灘中・高の国語読解が、1冊の本を何年もかかって読み込むという手法に通ずるやり方で、とても「じっくり」とした取り組みといえます。

この取り組みの最大の壁は保護者の反対と教員の無理解、もしくは「保護者の説得は困難」という教員の思いこみなどで、とても実現が難しいのだそうです。

この実践を知って思ったことはこうした教育の営みが外からもわかるようにできないかということです。

こうしたさまざまなよい授業が例えばWEBなどで簡単に見えて、それなりの評価がそこに示され、英語専門家の信用評価もなされている、などという露出ができないものでしょうか。

いま本当にほしいのは 生徒の個性を伸ばす学校

確かに入試制度が変更され、入学志望者が自ら志願して応募する仕組みになり、公立といえども私立のように独自色が打ち出される、ということは望ましいのですが、入試制度だけが変わって、肝心の学校の取り組みにさっぱり独自性がない、ということであれば、受験生は入試だけに目が向き、あまり制度の趣旨が活かされない結果になりそうです。

一方で私立高校は、来年は早大高等学院や中大附属などで系列中学からの内進生が高校入学をしてくるため、高校募集枠が小さくなります。加えて昨年から海城などの高校募集も停止になりました。

また、埼玉の私立学校では今年は1校、来年は4校も中学を新設しますので、3年後の高校募集枠は小さくなるでしょう。

こうした中高一貫化というのも独自性を高める工夫ですが、先の鶴岡中央のような高入生にとって魅力的な学力向上策という独自色も打ち出してほしいところです。

ただひるがえって受験生自身の独自性というのはどうなっているのでしょうか。

よく一般ピープルなどと卑下した言い方が用いられる事がありますが、受験生1人ひとりが本来は独自の存在であり、独自の個性を持っていて、その長所を一番伸ばしてくれる機関が学校です。あるいは弱いところを、大きく引けをとらないまでにしてくれるところでもあります。

そういう学校を選び取るのも自分だということです。

入試制度の変化を機に、自らの独自性、強み弱みを考えたいですね。

私立★INSIDE

2012年度埼玉県 私立高校入試結果

今回は埼玉県私立高校の今春2012年度入試について概観してみます。全体的には埼玉の私立高校は志願者が増え元気でした。志望者数が増えた学校についても報告します。

卒業生増加率を上回る 埼玉私立志望者の増加

この春、埼玉の中学校を卒業したのは6万6325人で、前年の6万4231人より2094人の増加です。この6万6325人には国私立や公立の中高一貫校在籍生3162人も含まれていますので、高校受験をした公立中学卒業者数は6万3163人でした（埼玉県教育委員会5月1日調査速報値）。

さて、埼玉の私立高校に出願したのは約7万1200人で、前年の約6万7500人から約3700人も増加しました。

中学校の卒業生よりも私立高校出願者が多くなっているのは、私立の複数校に出願している受験生と他都県からの受験生も含まれているからです。それを考えあわせても、卒業生の増加率よりもかなり高い増加率となり、首都圏でも「埼玉私立が元気」と注目を浴びています。東京や神奈川、千葉では卒業生の増加率を、私立高校受験生の増加率が上回るほどの増加は見せていません。

埼玉県の私立高校志願者の増加は、なぜ起こったのでしょうか。まず、私立高校同士がしのぎを削るように学校改革を進め、大学進学実績が伸長していることがあげられます。

昨年、**栄東**と**開智**が2ケタの東大合格者を出しました。この2校だけでなく私立高校の評価はあがっています。3年後の大学進学で公立高校よりも頑張れるのではないか、といった期待をさせる私立高校が増えているのです。その結果、私立を志望先として、より積極的に選ぶ受験生の割合が増えたということです。

もう1つは、学力検査一本化を推し進め、その元年となった公立高校の入試制度変更も受験生にさまざまな影響を与えました。「とにかく押さえの学校を受験しておく」という慎重派のニーズが、私立高校に向かい、大幅な増加につながったともみてよいでしょう。

さらにもう1つは、埼玉の私立高校の就学支援金の充実です。2010年から見直された支援金は、私立に進学した世帯の年収に応じて加算されるもので、保護者の年収が一定の基準より少ない場合には手厚く支援金が支払われます。

この制度で、公私間の学費格差は

大幅に縮小しました。保護者の負担はかなり軽減し、「私立は高い」「お金がかかる」というイメージが払拭され、私立高校を進学先候補に考える家庭が増えたことも要因の1つです。

私立を複数校受験する受験生が多かったのも特徴です。安全校とチャレンジ校両方の私立高校を2校以上出願した受験生が増えたのです。公立高校の入試機会は1回に減っています。「公立は一発勝負」という不安も私立複数校受験につながったとみてよいでしょう。

私立高校は併願校であっても、よく調べて積極的に選ぼうとする受験生気質の変化がうかがえます。

さて、ここでは誌面の都合で埼玉私立高校全校をあげることはできませんが、この春の入試で志願者が増えた学校について取り上げます。

【共学校】

国際学院は、昨年まで変動が少ない志願者数でしたが、今年は増加がめだっています。教務改革を進めた結果が現れた形です。

栄東は昨年より約700人と大きく増えました。栄東は東京からの受験生も多い学校ですが、県内生も増加しており人気が続いています。2年連続東大2ケタ合格などが注目された結果です。

狭山ヶ丘は昨年初めて塾関係者向け説明会を校内開催し、評価が上向いたようです。

昌平は昨年に続いて志願者増となっています。今年は最難関大学をめざすT特選クラスを新設、人気につながりました。

独協埼玉、**武南**、**栄北**は隔年的な志願者数の変化を示す学校で、今春は増えました。

星野共学部はSコースを新設、難関大対策を打ち出して志望者が増えました。

細田学園、**東野**は昨年に続いての志願者増です。**埼玉平成**、**自由の森学園**、**武蔵越生**、**山村学園**も今年は増加しました。

東京成徳大深谷は女子のみの募集だった総合進学と保育進学を、保育・総合系として統合、共学化し、一定の学力層の受験生の支持を受けました。

本庄東と**本庄第一**の両方が増えました。ともに増えたのは久々です。

【男子校】

川越東の理数科が単願で11・14倍でした。理数科で不合格でも、多くは普通科へスライド合格しています。

城北埼玉は隔年的な志願者数の変化です。今年は増える結果でした。

【女子校】

秋草学園は特進αβを特別選抜に統合、進学選抜ABを進学選抜として統合してコース設定をわかりやすくし、昨年に続いて志願者増でした。

小松原女子は昨年に続いて志願者増となっていて、人気があがっています。昨年同様、特進選抜や進学選抜といった進学カラーが強いコースよりも、総合進学や専門系の増加が中心です。

大妻嵐山はこのところの志願者減少傾向に歯止めがかかりました。これらの学校は、首都圏で志願者数減少を言われる女子校のなかで、活況がめだちます。

公立★CLOSE UP

大きく変化している首都圏の公立高校入試

安田教育研究所　代表　安田 理

前号では、首都圏の公立高校自体の変化について取り上げました。今号ではここ数年で大きく様変わりしている首都圏の公立高校入試の変化について解説しましょう。

公立高校の入試と言えば、私立高校の入試と違い、内申（調査書）の比重が大きいことが特徴でした。しかし、内申（調査書）の成績の評価が「相対評価」から「絶対評価」に変わったことを受けて、中学校間で成績の付け方にバラツキがあることから、「学力検査」に比重を置くように変わってきています。

全体的にはそうした傾向がありますが、全国的に行われていた「推薦入試」も首都圏では東京だけになっていること、埼玉では入試が1回になっていること（神奈川も2013年度から1回になります）など、実際には都県ごとにかなり異なるのが公立高校入試です。

そこで、前半では全体的な傾向を、後半では都県ごとの最近の状況を記述していくことにしましょう。

学区の撤廃・緩和が進む

世の中の規制緩和の流れが高校教育にもおよんで、公立高校の普通科にはどの都道府県でも通学区域の指定があったものが、学校選択の自由化ということで2003年以降急速に撤廃ないし緩和（学区の数を減らすことで選択できる学校数を増やす）され出しています。すでに撤廃された県は以下の22都県。

青森県、秋田県、宮城県、茨城県、群馬県、埼玉県、東京都、神奈川県、新潟県、石川県、福井県、山梨県、静岡県、滋賀県、奈良県、和歌山県、鳥取県、島根県、広島県、高知県、大分県、宮崎県。

この間、北海道は2005年に55学区を25学区に統合、2009年にはさらに19学区にしています。また岩手では学区数をほぼ半数に、長野は3分の1にしています。

近年中に動きがあるのが、

・大阪府　2014年度から学区を撤廃。

・山口県　2015年度以降学区を撤廃。

このように、住んでいる県内ならどの高校も受検できるようになると、交通の便のいい学校、大学進学実績の高い学校に人気が集まるようになってきて、どの県でもトップ校ほど倍率も高く、厳しい入試がめだつようになってきています。

推薦入試が減少

公立高校の入試と言えば、受検機会の複数化ということで、どの都道府県でも「推薦入試」と「一般入試」の2つが行われていました。ところがこの大原則はここへきて崩れてきています。

〈推薦入試〉

○推薦入試が残っている都道府県は23都道府県と約半数。

○中学校長の推薦がいらない入試が広がる（推薦がいらないのであるから、名称も「前期選抜」、「前期募集」、「特色化選抜」など、県によっていろいろ）。

○調査書の成績（つまり中学校での平常点）と面接・作文で選考していたものが、学科試験も課す県が出てきた。

○調査書の評価が「相対評価」から「絶対評価」に変わったことで、中学校でつけられる評定の差が拡大（＊）。

高校側に調査書への不信感が生まれていることもあって、推薦入試の大原則であった「中学校長の推薦」「調査書の成績による選抜」が崩れてきて、面接、集団討論、自己表現、作文、小論文、適性検査、学校独自問題による検査など、学校ごとにさまざまな方法をプラスして選抜を行うようになってきています。

埼玉県、福井県、静岡県、和歌山県ではすでに一本化され、千葉県でも入試日程を遅くし、前期・後期とも学力検査による選抜を行っています。神奈川県は2013年度には入試は1回だけになります。

こうした変化の背景には、中学3年生の3学期の授業をきちんと成立させ、全員に学力検査を課すことで、しっかり勉強させる方向に変えていこうという意志があるのです。

その一方では、私立高校では古くからあった「文化・スポーツ推薦」はいまや公立高校でも行われるようになっているなど、推薦入試自体の多様化も進んでいます。

＊中学校・先生によって基準が違い、全体に甘い評価になり、また学校差が拡大したことから、千葉県のように中学校でつけられた内申点を入学者選抜では調整する動き（中学校による格差を是正する方向）も生まれています。

一般入試の中身も学校で異なるように

公立高校の一般入試と言えば、同一日に同一時間割で、同一試験教科・同一問題、同一配点で、合否判定法（調査書と学力検査の比重など）もどの高校もいっしょというのが、大原則でしたが、さまざまな点でこの大原則は崩れてきています。

○調査書と学力検査の比重の変更（どの比重で合否判定するか高校側が選ぶ）

〈東京都の例－下記の4つから選択。進学校ほどAを選択〉

A　調査書3：学力検査7
B　調査書4：学力検査6
C　調査書5：学力検査5
C　調査書6：学力検査4

さらに、定員の一部については学力検査の成績のみで選考するという制度まで生まれています。

公立高校と言えば『内申』がよくないと受からない」と言われていましたが、いまや内申関係なしに合格できるシステムまであるのです。

試験問題が学校によって違う

そのうえで、一部の学校では（現実には上位校ですが）学校によって試験問題そのものが違うケースもあります。

高校進学率が97％にも達するようになって、オール1の子もオール5の子も高校受験をします。そうなると学力幅の大きい受検生に対応した共通問題では、トップ校は実質的にケアレスミスで差がつき、学力を正当にはかれないという弊害が出てきました。

そこで上位校では国語・数学・英語

の3教科については（一部英語のみ、英語・数学のみという高校もある）高校ごとの「自校作成問題」で入試を行うという動きが出てきたのです。

2012年度入試で大規模に行ったケースでは、東京都が15校、神奈川県が11校「自校作成問題」で入試を行いました（神奈川県では入試の一本化にともない、2013年度からは「自校作成問題」はなくなります）。

○東京都…**日比谷、西、戸山、八王子東、青山、立川、国立、墨田川、国分寺、新宿、白鷗、両国、武蔵、富士、大泉**

○神奈川県…**横浜翠嵐、光陵、柏陽、横浜国際（英語）、多摩、横須賀、鎌倉（英語・数学）、湘南、平塚江南、小田原、横浜市立横浜サイエンスフロンティア**

千葉県は2011年度から公立高校入試が大きく変わりましたが、前期選抜で1日目の共通学力検査のほかに2日目に「自校作成問題」を行った学校が4校ありました。**千葉東、市立稲毛、君津、実籾**の4校です。

公立高校の上位校の入試はほぼ満点を取らなければ合格が難しいというイメージがありますが、自校作成問題では10点、20点でも合格しているケースがあります。つまりそれほど共通問題とはレベルが違うのです。

長い間、公立高校の受検対策は「基礎・基本」と言われてきましたが、より高い応用力・思考力を求められる学校が出てきたということです。

東京都の推薦入試
全校で小論文・作文を実施

東京では推薦入試の継続が決まりましたが、実施方法が大きく変わりましたので、詳しく紹介しましょう。

（1）検査方法について

◆小論文または作文、実技検査、その他学校が設定する検査のなかからいずれか1つ以上をすべての学校で実施する。

◆個人面接に加え集団討論を、原則としてすべての学校で実施する。

（2）面接点の分布について

◆評価の観点の事前公表と得点分布の事後公表を行う。

・集団討論、個人面接、小論文、作文、実技検査など各検査の評価の観点を、10月1日以降の最初の学校説明会までに各都立高校のホームページで公表する。

・各高校における、集団討論・個人面接の得点、小論文点または作文点、実技検査点などの得点分布を、学力検査等得点表の送付時期に合わせて、各都立高校のホームページで公表する。

（3）総合成績に占める調査書点の割合について

◆基礎学力を担保しつつ、学力検査に基づく選抜で入学する生徒と異なる力を持つ生徒が入学できるようにするため、総合成績に占める調査書点の割合の上限を50％とする。

（4）対象人員枠について

◆対象人員枠の上限を再設定する。

・普通科は、学力検査に基づく選抜で入学する生徒とは異なる力を持つ生徒を選抜するため、上限を20％とする。

・専門学科、新しいタイプの高校は、特色のある専門的な教育を受けたいなどの意欲や適性のある生徒を選抜するため、上限を30％とする。

普通科 20％、専門学科 30％（ただし、商業に関する学科は20％）、新しいタイプの高校30％（総合学科、普通科単位制、併設型高校、コース制、エンカレッジスクール）。

小論文または作文、集団討論が原則として全員に課されるなど、推薦入試も受検生の負担が大きくなり、十分対策を立てて臨むことが必要になります。そのため、推薦入試にチャレンジする受検者が減る可能性も予想されます。

神奈川県
学力検査6割は3校のみ

神奈川県は2013年度から大きく変わるので、少し詳しく解説しましょう。

選考基準、学校ごとに多様

学力検査、調査書、面接で1000点満点とし、このうち1要素に最低でも2割の比重を置くことになりました。

・面接、全校が2割

発表になった選考基準では、全校が面接は2割にとどめている。

・学力検査6割は3校のみ

上位校の多くが学力検査を6割にすると予想されていましたが、6割にしたのはわずか3校のみ。5割が27校で、学力検査を重視するとした学校は30％にとどまりました。

一方、全日制普通科99校中ほぼ半数の48校が、学力検査4割・調査書4割の比重にしています。逆に調査書を重視するとした学校は、5割が17校、6割が4校の計21校となっています。

学力向上進学重点校でも、学力検査6割の**横浜翠嵐**から4割の**川和**、

多摩、**追浜**、**平塚江南**、**相模原**まで、学校の判断でマチマチになっています。

「自己表現検査」は18校

1000点満点の3要素以外に、「特色検査」を行ってもいいことになっており、その「特色検査」は「自己表現検査」か「実技検査」。

「特色検査」は1000点満点とは別枠で、仮に2割にすると、その学校の満点は1200点満点ということになります。「実技検査」は芸術や体育の専門学科、普通科の専門コースでの実施が多く、「実技検査」に5割の比重を置く学校もあります。

学校独自問題実施校の動向

以前からの学力向上進学重点校10校と**横浜サイエンスフロンティア**の11校で実施されていた学校独自問題はなくなりますが、うち7校が「特色検査」の「自己表現検査」を実施。

横浜国際は「実技検査」として英語の質問に英語で答える検査を行うので、学力向上進学重点校で「特色検査」を行わないのは、**多摩**、**鎌倉**、**横須賀**の3校のみとなりました。

以上のほか、学力検査や調査書で、特定の教科に傾斜配点を行う学校が普通科99校中21校もあります。

このように複雑で、学校ごとにバラバラなので、受検生は学校選択に大いに悩みそうです。

千葉県　日程を遅くし
前・後期とも学力検査

2012年度に、それまでの「特色化選抜・一般入試」から「前期・後期選抜」に変更しました。日程を遅くし、前期の募集枠を広げ、後期の募集枠を削減、前・後期とも共通の学力検査を実施するようになりました。

これまで最大枠50%だった前期の募集枠が拡大し、後期は縮小。前後期とも全校共通の学力検査を実施。前期では1日目に全校共通の5科学力検査、2日目に学校独自問題による学力検査の導入も可能にしました。

これまで後期にあたる一般入試で2日間行っていた入試を前期にシフトさせた、とも言えます。

また、後期でも5科の学力検査を実施。前期50分に対し、後期は40分に試験時間が短縮されました。

埼玉県　2012年度から
新たな入試制度に

2010年度から、日程を遅らせ、すべての選抜で学力検査を実施し、前期の募集枠を拡大し、各科40点満点から100点満点に変えました。それもわずか2年で制度がさらに変更されました。前期・後期の2回あった受検機会を3月の1回のみに一本化したのです。平均倍率は前・後期で実施していたときよりずっと緩和され、平均で1・15倍でした。2回の志願変更によって受検生が分散したため、高倍率校は少なく、その割には定員割れをした公立高校がいくつもありました。新制度2年目を迎える2013年度は志願変更も1回になります。

高校入試の基礎知識

学校説明会に行く前に
高校入試用語辞典［下］

志望校選びのための「高校入試情報集め」を、もう始めましたか。じつは、そんな情報のなかには、これまで耳にしたことがないような「用語」が出てきて面食らうことがあります。そこで、「高校入試用語辞典」を掲載しています。なお、(上)は6月号、(中)は8月号に掲載しています。

パーソナルプレゼンテーション

発表を通して自己の個性、能力、意欲などを表現する。面接の一部で行う。与えられた課題による自己PRや、作品を通じた自己表現など内容は各校による。東京都立国分寺では壁新聞を制作して発表をする。

評定

9教科に対する5段階評価。調査書のなかに、各教科の学習の記録が記載されている。そこに評定欄があり1～5の5段階で各教科の点数が記入される。これを評定点（内申点）と呼ぶ。5点×9教科で45点満点。

部活動加入率

在校生徒のうち、どのくらいの生徒が部活動に加入しているのか、その割合。学校全体の加入率のことだが、なかには学年ごとの加入率を示す学校もある。

部活動推進指定校

東京都立高校のなかで、部活動をよりさかんにし、特色ある学校づくりを進めていく高校として指定されている学校。地域や他校との連携、外部指導員の活用、用具・器具の充実が図られる。

文化・スポーツ等特別推薦

文化やスポーツなどで優れた能力を持つ生徒を対象とした特別推薦制度。志願者は特別推薦を実施する学校の種目等から1種目を指定し出願する（一般推薦にも出願できる）。各校は自校の教育活動の実績や特色などに基づいて基準を定め、面接、実技検査等で総合的に合否判断する。

分割募集

あらかじめ募集人数を前期と後期の2回に分けて選抜を行う制度で、東京都立高校では、分割前期募集は第一次募集と同じ日程、分割後期募集は第二次募集と同じ日程で行われる。分割後期募集の募集数は全体の2割程度として各校が定める。

併願

2校以上の学校に出願すること。第2志望以降の学校を併願校と呼ぶ。現在の首都圏高校受験では、ひとり2～3校の併願が平均的。

併願優遇制度

私立高校の一般入試で、おもに公立高校を第1志望とし、公立が不合格だったらその私立高校へ入学するという条件で受験する制度。高校側の提示する条件（内申基準）をクリアしていれば、合格率は高くなる。

偏差値

学力のレベルが一定の集団のなかでどのくらいなのかを割り出した数値。絶対的なものではなく、あくまでも目安のひとつ。自分はどのくらいの学力があるのか、その学校へ合格するためにはどのくらいの学力レベルが必要なのかを知ることができる。普通、25～75の数値で示される。

ボーダーライン

合格者の最低点が総得点の何%になるかを計算したもの。入試でどのくらいの得点を取れば合格可能なラインに達するのかを知る目安になる。ただし、受験者の学力レベル、入試問題の難度などにより毎年変化するので、過去問を解く際には、その入試年のボーダーを確認すること。

募集要項

各校が発行する「生徒募集に必要な事項」を記載したもの。募集人員、出願期間や試験日、試験科目、受験料、合格発表日、入学手続き、その費用などの情報が記されている。

マークシート式

志願者が多い高校では、採点時間短縮のため入試の答案をコンピュータ処理している。そのため、解答を文章記述するのではなく、選択肢のなかから正しいものを選び、その番号をマークシートに塗りつぶす方式。

面接試験

面接は受験生の日常や性格などのほか、当該校の校風や教育方針を理解しているか、また、入学への意欲などを知るために行われる。学校によっては面接をかなり重視する。面接形態は受験生のみや、保護者のみ、保護者と受験生などのタイプがある。面接の方法も、個別面接、グループ面接などがある。

模擬試験

模擬試験機関が行っている「高校入試」に模した試験。試験を受ける人数が多いほど結果の信頼性が高い。結果は偏差値という数値で示される。受験生の偏差値と学校の偏差値を見比べることで、合格可能性を探ることができる。

リスニングテスト

英語の入試で実施される。首都圏の国・私立校でリスニングテストを導入しているおもな高校は、東京学芸大附属・青山学院・慶應女子・日本女子大附属・開成・早稲田実業など。千葉公立では来春2013年度入試でも前後期ともに導入される。

類題

出題意図、解法手順などが似た問題。理科、数学でとくに不得手な問題がある場合、類題で演習することには大きな効果がある。

誕生日、どうやって祝ってほしい?

いろいろな味のケーキをいっぱい食べたい！
(中３・食いしんぼさん)

誕生日には**大好きなH君から**ひと言でいいから「オメデト」って言われたいです!!
(中３・片想いさん)

大好きな**鶏の唐揚げ**を気がすむまで食べさせてほしい。
(中３・トリアタマさん)

12時になった瞬間に無理矢理起こされて家族みんなに「お誕生日おめでとう!!」って言われてケーキが出てくる!!　それで夜中にケーキを食べる!!
(中３・ユキチらぶさん)

私は、家族全員で、羽を伸ばせるところで、祝ってほしいです。いつも勉強に縛られているので、羽を伸ばしたいなと思っていました。あと、親にはいろいろ助けてもらっているので、**リラックスしてほしい**です。
(中２・がんばりやさん)

ディズニーランドでミッキーたちに祝ってもらいたいです！
(中２・ミッキーLOVEさん)

パイ投げされたい！
(中１・タウンダウンさん)

兄弟・姉妹自慢!

小学２年生になる妹が可愛くてしょうがない！　**全部が可愛い!**
(中３・アップルティーさん)

弟が小学校のときに**オセロで県4位**になりました。地味だけどすごくないですか？
(中３・霊媒師さん)

ぼくのお姉ちゃんはスタイルがよくて**雑誌のモデルさん**をしているらしい。でも、ぼくにはメチャメチャ厳しいんです…。
(中１・いつか見返してやる！さん)

ウチの弟は勉強はできないけど、サッカーはとってもうまいんです。いまは某Jリーグチームの**ジュニアユースチーム**にいます。いつかJリーガーになったら、有名選手のサインをいっぱいもらわせようと思ってます。
(中２・ミーハーさん)

姉は**親父の気配を察知する能力**がすごくて、全然音もしないのに「帰ってきた」と言うと３分後にホントに親父が帰ってきます。
(中２・メンタリスト姉さん)

夏休みに読みたい本

三浦しをんの『**風が強く吹いている**』です。爽やかそうだし、映画の小出恵介さんがカッコよかったから。
(中２・K・Kさん)

『**ハリー・ポッター**』のシリーズ。映画は全部見たけど、本は読んだことなかったので。小さなサイズで出るらしいので気になります。
(中３・カニークッターさん)

マンガを読みたい！　夏休みは勉強するときだけど、ぼくはマンガを読みます。
(中２・マンガ太郎さん)

まだ読んだコトのない本ですが、道尾秀介の『**向日葵の咲かない夏**』という本。学校の国語の先生のオススメ！　自分も読んでみたいと思います。夏にピッタリのちょっぴりホラーなミステリー小説です！！！
(中３・GReeeeNさん)

東野圭吾さんの本がとても好きなので、今年の夏は10冊以上読むのが目標です。
(中２・私大賞さん)

募集中のテーマ

「給食とお弁当、どっちがいい?」
「恥ずかしかった話」
「こんな私、変ですか?」

応募〆切 2012年9月15日

必須記入事項

A／テーマ、その理由　B／住所　C／氏名
D／学年　E／ご意見、ご感想など

ハガキ、FAX、メールを下記までどしどしお寄せください!
住所・氏名は正しく書いてください!!
ペンネームは氏名のうしろに(　)で書いてネ!
【例】サク山太郎(サクちゃん)

あて先

〒101-0047　東京都千代田区内神田2-4-2
グローバル教育出版　サクセス編集室
FAX:03-5939-6014　e-mail:success15@g-ap.com

ケータイから上のQRコードを読み取り、メールすることもできます。

掲載されたかたには抽選で図書カードをお届けします!

掲載にあたり一部文章を整理することもございます。個人情報については、図書カードのお届けにのみ使用し、その他の目的では使用いたしません。

国士舘高等学校

東京都世田谷区若林4-32-1
東急世田谷線「松陰神社前」徒歩6分、小田急線「梅ヶ丘」徒歩13分
03-5481-3131
http://hs.kokushikan.ed.jp/

問題

次の (14) ～ (18) の各英文の（　）に入る最も適切なものをア～エから一つ選び，記号で答えなさい。

(14) Takao, please (　　　) very kind to your sister.
ア to　イ give　ウ be　エ have

(15) Is this an English book (　　　) a science book?
ア and　イ or　ウ that　エ because

(16) I saw her at the station (　　　) the morning of August 10.
ア at　イ in　ウ to　エ on

(17) Yoshio has been sick (　　　) last Thursday.
ア since　イ for　ウ ago　エ after

(18) When (　　　) to the station?
ア have you been　イ have you gone　ウ did you go　エ are you go

解答 (14) ウ　(15) イ　(16) エ　(17) ア　(18) ウ

東京電機大学高等学校

東京都小金井市梶野町4-8-1
JR中央線「東小金井」徒歩5分
0422-37-6441
http://www.dendai.ed.jp/

問題

次の各組の文がほぼ同じ意味になるように空所に英単語を書きなさい。

1. Where were you yesterday? Can you tell that?
Can you tell where (a) (b) yesterday?

2. Please look at that picture drawn by him last week.
Please look at that picture (a) (b) last week.

3. When my mother heard the news , she felt very sad.
The news (a) my mother very sad.

解答 1. (a) you　(b) were　2. (a) he　(b) drew　3. (a) made

私立高校の入試問題に

足立(あだち)学園(がくえん)高等学校

問題

自然数 1，2，3，……を右の図のように枡目の左上から順に並べる。横の並びを行と呼び，縦の並びを列と呼ぶことにする。例えば，2 行目，3 列目の数は 6 となる。

次の問いに答えなさい。

(1) 5 行目，7 列目の数を求めなさい。

(2) 1 行目，n 列目の数を n を用いて表しなさい。

(3) 130は何行目，何列目の数か求めなさい。

3列目↓

	1	2	5	10			
2行目→	4	3	6	11			
	9	8	7	12			
			14	13			

解答 (1) 41 (2) n^2-2n+2 (3) 9行目12列

東京都足立区千住旭町40-24

JR常磐線、地下鉄千代田線、地下鉄日比谷線、東武伊勢崎線、つくばエクスプレス「北千住」徒歩2分、京成電鉄「京成関屋」徒歩7分

03-3888-5331

http://www.adachigakuen-jh.ed.jp/

学校説明会

9月8日（土）14:00～
10月13日（土）14:00～
11月10日（土）14:00～
12月1日（土）14:00～

学園祭

9月22日（土）
9月23日（日）

オープンキャンパス（要予約）

8月25日（土）8:30～

鎌倉女子大学高等部(かまくらじょしだいがくこうとうぶ)

問題

四、次の①～⑥の四字熟語の□に当てはまるものを【A群】から選び、漢字に直して答えなさい。また、【B群】から熟語の意味を一つ選び、記号で答えなさい。

①画竜(がりょう)□睛(せい)　②古□東西　③□象無象
④明鏡止□　⑤□生大事　⑥付□雷同

【A群】 イッ・ウ・ケッ・ゴ・コン・スイ・ゾク・テン・ナン・フ・ホク・ワ

【B群】
ア　いつでもどこでも
イ　他人の意見にむやみに同調すること
ウ　静かで澄みきった心
エ　たくさんのつまらないもの
オ　物事の大切なところ
カ　物事を大切にすること

五、次の①～③の各組の――線部について、意味やはたらきの異なるものを一つずつ選び、記号で答えなさい。

①
ア　人生は短いものである。
イ　壁に掛けてある写真。
ウ　道ばたに木が植えてある。
エ　トゲのある言葉。

②
ア　何気ないおしゃべり。
イ　眠れない夜。
ウ　虫が一匹もいない。
エ　めったに見られない花。

③
ア　岡村くんは空手初段らしい。
イ　マングースは猛獣らしい。
ウ　彼女のしぐさは女性らしい。
エ　明日の朝、日本を発(た)つらしい。

解答 四、①点・オ　②今・ア　③有・エ　④水・ウ　⑤後・カ　⑥和・イ　五、①エ　②ア　③ウ

神奈川県鎌倉市岩瀬1420

JR東海道線・横須賀線・京浜東北線、湘南モノレール「大船」バス10分、JR京浜東北線「本郷台」徒歩15分、京浜急行線「上大岡駅」「金沢八景」バス

0467-44-2113

http://www.kamakura-u.ac.jp

学校説明会

10月13日（土）13:30～15:00
11月24日（土）13:30～15:00
12月8日（土）13:30～15:00

体験講座（要予約）

11月10日（土）13:30～15:00

みどり祭（文化祭）

進学相談コーナーあり
11月3日（土）10:00～15:00
11月4日（日）10:00～15:00

7月号の答えと解説

●問題

Q 四字熟語ジグソーパズル

今回は、四字熟語を完成させるジグソーパズルに挑戦してみましょう。

右のパズル面に11個四字熟語が並ぶように、下のリストにある漢字のピースを、うまく当てはめます。ピースは回転させることなく、そのままの形で使ってください。

パズルが完成すると、色のついたマスに2つの四字熟語が現れますので、それを答えてください。

断
自家

国
人道
油

主
大
用車

小説
動
人

心
推理
人

日進
後
一

行
典
義
敵

歩
事
同体

実
語辞

事異
美

八方
不言

月
生大

①				
②				
③				
④				
⑤				
⑥				
⑦				
⑧				
⑨				
⑩				
⑪				

●解答　大同小異、言語道断

解説

リストの漢字ピースを当てはめて、パズルを完成させると、右のようになります。

●熟語の意味

大同小異…細かな部分は異なっているが、大体は同じであること。似たりよったり。似た意味の熟語に「同工異曲」があります。

言語道断…言葉も出ないほど、あまりにもひどいこと。もってのほか。

日進月歩…絶え間なく進歩すること。反対の意味の熟語に「旧態依然」があります。

後生大事…その人にとってかけがえのないものとして、なにかを大切に保持すること。

一心同体…２人以上の人が、１人であるかのような強い結びつきをすること。反対の意味の熟語に「同床異夢」があります。

人事異動…地位・職務・勤務地などが変わること。

八方美人…だれからもよく思われるように、あいそよく上手にふるまう人。

不言実行…あれこれ理屈を言わずに、やるべきことを黙って実行すること。

人道主義…人間性を重んじて、人類全体の幸福を最大の目的とする思想態度。

油断大敵…気をゆるめると思わぬ失敗をすることになるから、一番恐ろしい敵であるということ。

①	日	進	月	歩
②	後	生	**大**	事
③	一	心	**同**	体
④	推	理	**小**	説
⑤	人	事	**異**	動
⑥	八	方	美	人
⑦	不	**言**	実	行
⑧	国	**語**	辞	典
⑨	人	**道**	主	義
⑩	油	**断**	大	敵
⑪	自	家	用	車

中学生のための

学習パズル

今月号の問題

Q 論理パズル

ある事件の容疑者として取り調べを受けたＡ～Ｅの５人は、次のように供述しました。

Ａ：「Ｄは犯人だよ」
Ｂ：「Ｅの言っていることは本当です」
Ｃ：「ＡもＤもウソをついている」
Ｄ：「Ｃこそウソを言っている」
Ｅ：「ＢもＣも犯人じゃない」

無実の者は本当のことを言い、
事件の犯人はウソをついているとすると、
この事件の犯人は
何人いると考えられますか。

7月号学習パズル当選者

（全正解者49名）

★**福山　誠一**くん（神奈川県藤沢市・中３）
★**和泉　　香**さん（埼玉県さいたま市・中２）
★**山下　光樹**くん（東京都荒川区・中１）

応募方法

●必須記入事項

01　クイズの答え
02　住所
03　氏名（フリガナ）
04　学年
05　年齢
06　アンケート解答「奈良美智展」「美術館で旅行!展」（詳細は82ページ）の招待券をご希望のかたは、「○○○展招待券希望」と明記してください。

◎すべての項目にお答えのうえ、ご応募ください。
◎ハガキ・ＦＡＸ・e-mailのいずれかでご応募ください。
◎正解者のなかから抽選で3名のかたに図書カードをプレゼントいたします。
◎当選者の発表は本誌2012年11月号誌上の予定です。

●下記のアンケートにお答えください。

Ａ今月号でおもしろかった記事とその理由
Ｂ今後、特集してほしい企画
Ｃ今後、取りあげてほしい高校など
Ｄその他、本誌をお読みになっての感想

◆2012年9月15日（当日消印有効）

◆あて先

〒101-0047　東京都千代田区内神田2-4-2
グローバル教育出版　サクセス編集室
FAX：03-5939-6014
e-mail:success15@g-ap.com

～サクセス18のご紹介～

サクセス18は早稲田アカデミーが創った現役生難関大受験専門塾です。

東京大学67名合格！ 文Ⅰ13名・理Ⅲ4名含む

早慶上智大403名合格！

GMARCH理科大506名合格！

早稲田大学 201名	上智大学 119名	青山学院大学 52名
慶應義塾大学 83名	明治大学 99名	立教大学 88名
中央大学 76名	学習院大学 32名	
法政大学 93名	東京理科大学 66名	

在籍約1100名からの実績

模試受験のみの生徒は一切含まれていません。早稲田アカデミーの平常授業または志望校別クラス、冬期東大合宿に在籍し、授業に参加された方のみを対象としています。

東京大学［理科Ⅰ類］合格

早稲田大学［基幹理工学部］、慶應義塾大学［理工学部］、上智大学［理工学部］

金井 純平（国立東京学芸大学附属高校）

仲間達と先生方と共に

大学受験を真面目に考え始めた高2の秋、僕は高校受験の際お世話になった早稲田アカデミーに入塾しました。第一志望校は学校の友達に流されるように東大としましたが勉強に熱が入らず、成績もあまり伸びませんでした。しかし高3のとき、僕の意識は変わりました。自分の志望校を本気で目指す仲間達と授業を共にすることで僕も勉強に全力で取り組むようになっていました。さらに時には優しく時には厳しく接してくれる先生方の熱い授業を受けるにつれてより励むようになりました。サクセス18の必勝コースや合宿、正月特訓は違う学校の様々な考え方を持つ仲間達や先生方との絆を深めました。東大模試ではE判定を取り続けましたが、そんな仲間達や先生方のおかげで諦めずに勉強に取り組むことが出来ました。サクセス18に入らなければ僕の合格はありませんでした。共に学んだ仲間達、最後まで熱心に授業をしてくれた先生方、本当にありがとうございました。そしてこれからもよろしくお願いします。

東京大学［理科Ⅱ類］合格

早稲田大学［先進理工学部］、上智大学［理工学部］

高橋 勇介（私立開成高校）

いままでありがとうございました。

まずは家族や友だちの応援に感謝したいです。そして東大合格に達するまでに指導して下さったサクセス18の先生方に感謝したいです。サクセス18の進路指導では長期的な目標設定に加えて、短期的な目標設定も立てられたため、学習している中でも目標を見失うことがありませんでした。校内模試の順位等、身近なところからも目標の達成度を測ることができ、モチベーションを保ちながら勉強することができました。サクセス18で最も良かったと思うことは、先生と生徒の距離が近いことだと思います。私はそのおかげで先生方に多くの質問をすることができ、納得がいくまで問題に取りくむことができました。これは私にとっては学力を伸ばすのに大いに役立ったと感じています。また、開成クラブも有効に活用することができました。自習室だけでなく、過去問を印刷してもらえたのは非常に助かりました。また、開成クラブで行われている英作文道場では、自分の英作文をネイティブの先生に見てもらえるので、英作文の感覚をつかむことができ、確実に得点力の向上につながったと思います。先生方の授業はもちろんのことながら、このような点も合格につながったと思います。サクセス18に通って本当に良かったです。

東京大学［理科Ⅲ類］合格

慶應義塾大学［医学部］、防衛医科大学校

笠原 優輝（国立筑波大学附属駒場高校）

第2の我が家、サクセス18

サクセス18の魅力は先生方の熱意だろう。私はサクセス18を第二の我が家のように、温かく感じていた。登塾すると、「こんにちは」、教室に行くときには「いってらっしゃい」、自習室から戻ると「おかえりなさい」といった挨拶が飛び交い、この言葉にいつも元気づけられ、明日の活力を貰った。実の家と同じようなアットホームな空気が漂っており、この居心地の良さが、毎日塾に来て勉強しようと思わせてくれた。それに加え、成績を上げるのに特に役立ったものは、先生方の熱意のこもった添削、個別のアドバイスだった。他の生徒もいて大変な中、わざわざ時間を自分のために割いてくれている、このことが私の弱点を大いに克服させ、モチベーションの向上にも繋がった。先生方からは、まるで我が子に対するような温かさを感じた。この温かさのおかげで、合格できる水準まで成績を伸ばすことができた。自分一人では決してできなかっただろう、と思う。合格を報告したとき、先生方が心から喜んでくれて、初めて自分の努力を示すことができた、と思えた。こんな、辛い中、最高の受験を迎えることができたのは、サクセス18だったからだ。今までありがとうございました。

東京大学［文科Ⅲ類］合格

早稲田大学［政治経済学部］、慶應義塾大学［商学部］

堀田 和里（私立雙葉高校）

サクセス18大好き！

サクセス18には、中3の終わりから通い始めました。校舎に足を踏み入れた瞬間、事務の方々や先生方が大きな声で挨拶してくださり、明るく元気な印象を持ったので、すぐに入塾を決めました。私が通っていた校舎はとてもアットホームな雰囲気で、居心地がよく、先生方や事務の方々、アシストスタッフとも仲良く話すことができる環境だったので、塾に行くのが本当に楽しみでした。とにかく塾が好きだったので、高2の後半以降は授業がない日にも自習をしに行っていました。お互いに励まし合い、刺激し合える友達に出会えたのも、塾が大好きだった理由の一つです。受験期で一番辛かったのは、間違いなく最後の2ヶ月だったと思います。センター試験を越え、私大入試が始まり、最後に待ち構える国立の2次。この2ヶ月を乗り越えられたのは、他でもない、サクセス18のおかげです。勉強が思うように進まず、悩んだことは何度もありましたが、そのたびに事務の方々や先生方、アシストスタッフ、そして友達に元気付けてもらいました。サクセス18のみんなが支えてくれたから、自分らしく受験に立ち向かうことができました。私が東大合格という夢のようなことを実現させることが出来たのは、サクセス18のみんなが最後まで私を信じていてくれたからです。先生方、事務の方々、アシストスタッフ、サクセス18で出会った友達、そして家族!ここまで私を支えてくださって本当にありがとうございました!サクセス18大好き!

一橋大学［法学部］合格

早稲田大学［法学部］、慶應義塾大学［商学部］、上智大学［法学部］

野村 悠花（私立豊島岡女子高校）

ありがとう！サクセス18

サクセス18に入ってからの二年を振り返ると、自分がいかに幸せで充実した受験生生活を送っていたかを実感させられます。入塾当初私はTクラス選抜にも合格できないほど数学が苦手で、校長先生の「数学をなんとかするから」の一言を頼りにサクセス18に入塾しましたが、塾で演習を重ねるうちに本当に何とかなり、本番でも数学の出来に自信が持てました。先生方が授業の範囲を超えて私の成績や性格、志望校などを把握して的確なアドバイスを下さり、のんびり屋の私を急かしてくださるのはサクセス18ならではでしたし、そんな先生方を信頼していたので安心して勉強できました。先生方は受験校についても一緒に考えてくださった上、併願校対策も施してくださったので、私自身は志望校対策だけを考えてそのための勉強に打ち込むことができ、大変感謝しております。志望校にあわせた先生オリジナルのプリントを頂いたり、先生にお願いして予想問題を何度も作っていただいたりと、本当にお世話になったので絶対受かろうと意気込んでいました。自習の時はいつもサクセス18に行ったし、仲良しなだけでなくやる時はやる、といった周りの生徒たちの雰囲気も好きで、良い刺激になりました。サクセス18でいつも楽しかったし、大学受験を最高の形で乗り越えることができたのはサクセス18のおかげです。私に関わってくださった全ての方に感謝しています。お世話になりました。

早稲田大学［法学部］合格

上智大学［法学部］、明治大学［法学部］、立教大学［法学部］、中央大学［法学部］

前田 妃南子（私立女子学院高校）

私のサクセス体験記

私は高1からサクセス18に通い始め、部活を引退した高2の秋から本格的に受験勉強を始めました。部活引退まではやる気が出ず、受講していたのに無駄に過ごしてしまったことも多かったと思います。しかし、定期的なテストや親切な面談のおかげで、部活中心の毎日の中でも勉強や将来のことを考える機会を持つことが出来ました。そのおかげで、部活引退後もスムーズに受験勉強に移れたように思います。高2の秋から高3にかけては、現代文と古文を受講しました。古文ではちょっとした文法テクニックや文学史も教えていただき、入試に役立ちました。現代文では筆者の論考に関連した現代社会についてのお話もあって、社会にも関心を持つことが出来るような、大学入試後も見据えた質の高い授業でした。少人数制なので先生との距離も近く、苦手な記述も細かく添削していただいたおかげでなんとか書けるようになりました。また、直前期には夜遅くまで使える自習室がとても有難い存在でした。質問もすぐできるし、アシストスタッフの方々や受講していない教科の先生まで質問に答えたり添削してくださったりして、サクセス18全体でサポートしてくださっていると感じました。気さくで親しみやすい事務の皆さんとの会話も私の心の支えでした。私が志望校に現役合格できたのも、このようなサクセス18があってこそです。ありがとうございました。

慶應義塾大学［法学部］合格

早稲田大学［文化構想学部］、上智大学［法学部］、明治大学［商学部］、國學院大學［経済学部］

山田 晃己（私立桐光学園高校）

大学受験とは団体競技である

この塾で出会った気の合う仲間三人でコンビを組み一年間互いを励まし、尊重し、仲間の背中をみて刺激され続けた結果、僕は慶應の法、一人は早稲田の法、もう一人は早稲田の理工に進学を決めました。受験が終わった今でも付き合いは続き、大学は違うけれども一生の付き合いになると思います。僕たち三人が全員第一志望に合格できたのは常に僕以外の二人に刺激され続けお互いがお互いの努力を尊重し続けた結果であり、それがサクセス18という塾にしか成し得ない技の本質だと思います。仲間の作りづらい他の予備校では決して成し得ない大学受験で成功するためのノウハウ、つまり大学受験を個人競技ではなく団体競技で闘おうとする姿勢、これがサクセス18が合格実績を毎年、大幅に更新し続けているという事実を裏付けているのだと思い、事実僕たち三人がそれを証明しています。僕一人では途中で心が折れ、決して成し遂げられなかったであろうこの偉業、またこの偉業がサクセス18でしか成し遂げられない偉業ではないでしょうか。

上智大学［文学部］合格

立教大学［文学部］、明治学院大学［文学部］

安達 南菜子（私立東洋高校）

温かい場所

私がサクセス18に通い始めたのは高校2年生のときです。苦手な英語を何とかしたいと思っていたところ、母にサクセス18を勧められ、とりあえずという気持ちで入塾しました。早稲田アカデミーには小さい頃から通っている人も多く、いざ入ってみると既に仲良しグループが出来ていて、少し居心地が悪く感じたのを覚えています。しかし、高校3年生になるとその空気は一転しました。特に私達の間の絆を強くしたのは夏の合宿です。他の校舎の友達も増えることで、「皆で合格したい」という気持ちが大きくなりました。その後、サクセス18の友達とは受験直前まで励まし合い、学校の友達とはまた一味違った友情を築くことができました。現役生しかいないサクセス18ならではだと思います。また、サクセス18の凄いところは先生方がきめ細かく指導して下さることです。何度も面談を組んでくれたり、過去問の点数をチェックしてくれたり、英作文や小論文などの添削を寝る間も惜しんでしてくれました。受験の前の日に私が緊張していると、夜遅くまで応援し続けて下さいました。こんなに面倒見の良い塾、予備校は聞いたことがありません。私が大学に合格できたのも、先生方の支えがあったからです。本当にありがとうございました。受験は辛かったですが、サクセス18のおかげで、頭も心も成長できたと思います。最後に両親へ、サクセス18に通わせてくれてありがとうございました。

高校生対象　夢！クルゼでつかめ！医学部現役合格

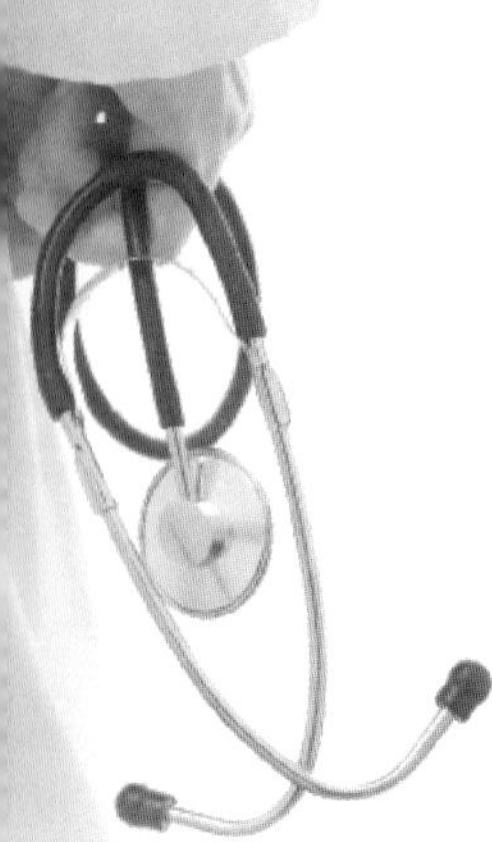

2012年合格実績　**昨年度に続き、医学部合格者数増**

医学部完全合格72名!!

筑波大学 医学部	2名	琉球大学 医学部	1名	東京慈恵会医科大学	4名
日本医科大学	4名	順天堂大学 医学部	2名	防衛医科大学	1名
昭和大学 医学部	7名	東京女子医科大学	9名	東京医科大学	1名
日本大学 医学部	1名	東邦大学 医学部	5名	杏林大学 医学部	7名

その他、多数合格！

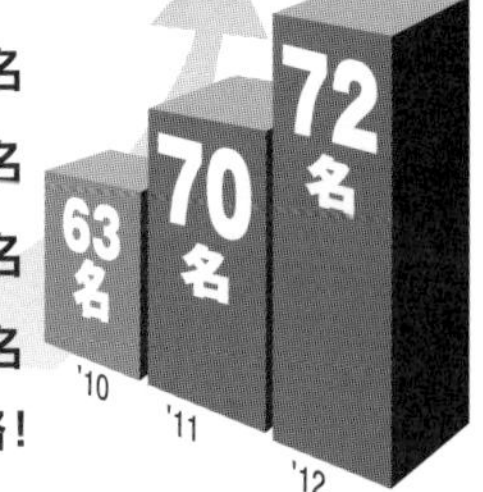

医学部受験専門エキスパート講師が生徒が解けるまでつきっきりで指導する！
だから最難関の医学部にも現役合格できる！

医学部という同じ目標を持つ仲間と切磋琢磨！

現役合格は狭き門。入試でのライバルは高卒生。

一部の高校を除き、医学部志望者がクラスに多数いることは非常に稀です。同じ目標を持つ生徒が集まる野田クルゼの環境こそが、医学部現役合格への厳しい道のりを乗り越える原動力となります。

また、医学部受験生の約70%は高卒生です。現役合格のためには早期からしっかりとした英語、数学の基礎固めと、理科への対応が欠かせません。

30%　高3生
70%　高卒生
■医学部受験生の割合

25%　その他の原因
75%　理科の学習不足が原因
■現役合格を逃した原因

Point 1
一人ひとりを徹底把握
目の行き届く少人数指導
講義は平均人数10～15名程度の少人数で行われます。生徒別の成績の把握、そしてさらに向上させるための個別の指示も可能な人数です。大手予備校には決して真似のできない細やかな対応が野田クルゼならできます。

Point 2
医学部専門の
定着を重視した復習型の授業
野田クルゼの授業は、丁寧な「導入」からスタートする復習型の授業です。そして全員の理解を確認しながら「類題演習」に入り、短時間で高度な内容まで踏み込みます。

Point 3
受験のエキスパート
東大系主力講師陣
クルゼの講師は、自らが難関を制した経験を持つ受験のエキスパート。医学部合格に必要な項目を的確に捉えた無駄のない指導だから、短期間で得点力を向上させます。

Point 4
いつでも先生が対応してくれる
充実の質問対応と個別指導
現役合格には、クルゼの学習と高校の学習の両立も非常に大切です。クルゼにおける授業内容だけではなく、学校の定期試験へ向けた準備のための質問にも対応します。

Point 5
推薦・AO入試も完全対応
経験に基づく万全の進路指導
医学部現役合格を狙うためには、一般入試の他に推薦入試やAO入試も視野に入れた対策を行う必要があります。

Point 6
医学部の最新情報が全て集結
蓄積している入試データが桁違い
40年以上蓄積してきた受験データや大学の入試担当者から直接調査した入試情報、卒塾生からの体験談など医学部の最新情報を提供します。

早稲田アカデミー教育グループ
医歯薬専門予備校
野田クルゼ
〈御茶ノ水〉

資料請求・お問い合わせ・各種お申し込みはお気軽にこちらへ

現役校　Tel 03-3233-6911（代）　Fax 03-3233-6922　受付時間 13:00～22:00

本　校　Tel 03-3233-7311（代）　Fax 03-3233-7312　受付時間 9:00～18:00

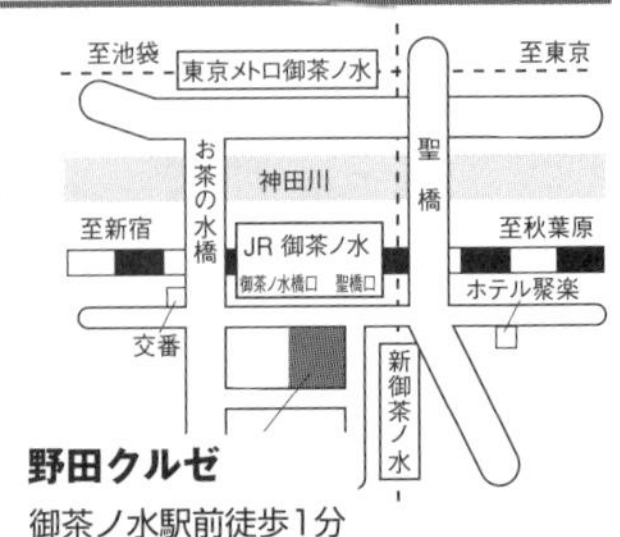

野田クルゼの最新情報はホームページでもご確認いただけます。　野田クルゼ　検索

医学部へ一人ひとりをナビゲート！

9月生募集 **日曜集中特訓** 最難関医学部を目指すライバルだけが集う「競い合う空間」

医学部必勝講座

高3対象（有料講座） 1ヶ月に3回／英語・数学・理科・国語・チェックテスト（化学・生物・物理）

高2・高1対象（無料講座） 1ヶ月に1回／英語・数学・チェックテスト

最難関医学部必勝講座（選抜クラス） 千葉大、筑波大、医科歯科大などを中心に受験を考えている皆さんのためのクラスです。

難関医学部必勝講座（オープンクラス） 私立大医学部を中心に受験を考えている皆さんのためのクラスです。

医系受験指導42年の伝統と実績を誇る野田クルゼのエキスパート講師が、最速・最短の方法で現役合格に導くプロジェクト。それが「医学部必勝講座」です。講義⇒演習⇒試験というサイクルにより、あいまいな理解から生じる些細なミスを無くし、入試において高得点を狙える学力を定着させます。同時に、難易度の高い入試問題を扱いながら、現役生に不足している実践的な問題演習を行います。この講座で最難関医学部現役合格の夢をかなえましょう！

説明会・選抜試験 **8/26**（日） **無料**

対象 ▶高1～高3
説明会 ▶13:00～14:00
選抜試験 ▶14:15～17:00（英語・数学・理科）
場所 ▶野田クルゼ現役校

高3対象：最難関医学部必勝講座／難関医学部必勝講座　タイムテーブル（例）

	9:00～10:30	10:45～12:15	13:00～14:30	14:45～16:15	16:20～17:20	17:30～19:00
1回目	英　語	英　語	物理／生物	物理／生物	英語チェックテスト	
2回目	数　学	数　学	化　学	化　学	数学チェックテスト	センター国語
3回目	英　語	数　学	物理／生物	化　学	理科チェックテスト	

高2・高1生対象：最難関医学部必勝講座 タイムテーブル（例）

	10:00～12:00	13:00～15:00	15:10～16:10	16:20～17:20
1回目	英　語	数　学	英語試験	数学試験

推薦合格のノウハウ満載！

医学部推薦対策講座

無料 **30名限定** **8/26**（日） 14:00～16:00　場所：野田クルゼ現役校

高評価を得る「願書の書き方」から集団をリードしながら自分をアピール「集団討論」まで推薦入試で合格する極意を伝授します。特に"東京女子医科大生による""公開模擬チュートリアル"は、推薦にも強い野田クルゼだからこそできる東京女子医科大学の推薦を検討している受験生には必見の内容です。ぜひ、ご参加ください。

イベント内容

14:10～14:30「高評価につながる願書と小論文の書き方」
14:30～15:00「自分をアピールする面接とは」
15:00～15:40 東京女子医科大生による「模擬チュートリアル」
15:40～16:00「集団をリードし評価せれる討論とは」

医歯薬専門予備校野田クルゼ主催「メディカル・アカデミー」

私立医系大多数参加（詳しくは裏面参照） 医大入試担当者による　　医系大の最新情報が満載!!

個別入試相談会＆医系大講演会

医大の入試担当者と1対1で入試アドバイスが受けられる

大学別・個別入試相談会

各大学の特徴や教育理念、入試傾向などを入試担当者から聞けるチャンスです。入試担当者が求めている生徒像や実際の入試問題のポイントなど普段ではなかなか聞き出すことのできない情報を聞き出しましょう!また、当日は各ブースで資料配布も予定しております。お誘い合わせの上、ぜひご来場ください。

参加医系大学

●岩手医科大学 ●東邦大学 医学部 ●東京女子医科大学 ●日本歯科大学
●愛知医科大学 ●北里大学 医学部 ●福岡大学 医学部 ●東京歯科大学
●兵庫医科大学 ●近畿大学 医学部 ●藤田保健衛生大学 ※昨年の参加大学

医学部受験のプロに悩みを直接相談!!

野田クルゼ 医学部受験相談会

医学部受験に関する経験豊富な野田クルゼの教務スタッフと各教科エキスパート講師陣が、医学部受験についての悩みにお答えします。これからの学習の方法や志望校対策など、何でも相談して下さい。皆様のご来場をお待ちしております。

大学の入試担当者による

医学部・歯学部講演会

名門私立医大の入試担当者が各大学の最新の入試情報や医療問題などを、わかりやすく授業形式で30分程度に凝縮して講演いたします。この講演でしか聞くことができない情報が満載の講演です。受験生はもちろんのことこれから医学部を目指す方も、ぜひご参加ください。

開催日時

10/21（日） **13:00～17:00**

場所 東京グリーンパレス
〒102-0084 東京都千代田区二番町二番地
Tel.03-5210-4600（代表） Fax.03-5210-4644

無料進呈! 面接情報満載!! 医系大入試の全てがわかる「ガイダンスブック」

受験生から直接ヒアリングし、各大学の入試実態を詳細にまとめた、受験対策資料集「医歯薬系入試ガイダンスブック」を無料で進呈いたします。

野田クルゼの受講生のみに配布されている非売品です。

■交通アクセス■
東京メトロ有楽町線「麹町駅」6番出口 ……徒歩 1分

他予備校との併用もできる 医学部受験指導のスペシャリストによる

医学部専門個別指導 Medical 1 メディカル・ワン

全学年対象

個別のみ 受験勉強のスタートを個別集中特訓で、無理なく！無駄なく！
2学期からがんばるキミを応援します。エキスパート講師に全て任せてください。

クラス併用 クラス授業との併用でスムーズな導入を！
2学期から初めて野田クルゼに参加することに不安のある方にも、個別指導でのフォローアップがあれば万全です。

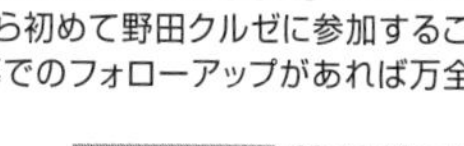

Point1 医学部受験指導のスペシャリストが1対1で指導

Point2 あなただけの完全フルオーダーカリキュラム

Point3 苦手科目や弱点となる単元の超短期克服

お祭り

ザ・よさこい！大江戸ソーラン祭り2012

9月9日(日)
都立木場公園(東京都江東区)
北イベント広場周辺

日本一の総踊りで観客と踊り子が1つに

大江戸ソーラン祭りは、東京都江東区の都立木場公園で開催されるよさこいのお祭りだ。約45チームが参加し、大賞を競い合う。大江戸ソーラン祭りの魅力はなんと言っても総踊り。総踊りでは出場チームだけでなく、一般観客も参加可能で、観客と踊り子が１つになった大迫力の演舞を見ることができる。また、当日はたくさんの模擬店も出店し、踊りの熱気とともにお祭り気分は盛りあがる一方だ！

アート

美術館で旅行！ ―東海道からパリまで―

7月28日(土)～9月23日(日)
山種美術館

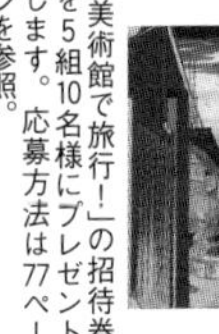

歌川広重(初代) うたがわひろしげ 東海道五拾三次之内 日本橋・朝之景 1833-36(天保4-7)年頃 山種美術館蔵 大判錦絵 前期展示:7/28～8/26

「美術館で旅行！」の招待券を5組10名様にプレゼントします。応募方法は77ページを参照。

美術館にいながらにして味わう旅気分

夏休みに合わせて「旅」をテーマに、美術館にいながらにして旅行気分が味わえる絵画などを集めた展覧会。日本で旅行が盛んになった江戸時代の日本各地の旅風景を歌川広重の東海道五拾三次で、そのほか横山大観が描く中国、速水御舟のエジプト、佐伯祐三や結城素明のパリ、平山郁夫のシルクロードなど、異国の風景を描いた作品を展示し、画家の眼を通して世界各地の魅力を紹介する。

アート

奈良美智：君や 僕に ちょっと似ている

7月14日(土)～9月23日(日)
横浜美術館

《ちょっと意地悪》2012, 白銅 h153.0×125.0×135.0cm, ©NARA Yoshitomo、撮影：森本美絵

「奈良美智：君や 僕にちょっと似ている」の招待券を5組10名様にプレゼントします。応募方法は77ページを参照。

奈良美智が繰り広げる新たな作品世界

とても印象的な女の子を描く奈良美智の展覧会が11年ぶりに横浜美術館で開かれている。タイトルは「君や 僕に ちょっと似ている」。これは、ビートルズの「Nowhere Man」の歌詞に登場するフレーズであり、作家と作品の関係、さらに観客と作品の関係性を示している。作家にとって初の挑戦となる大型のブロンズ彫刻をはじめ、絵画やドローイングなどの新作によって構成されている。

サクセス イベント スケジュール 8月～9月

世間で注目のイベントを紹介

お盆

正式名称はうらぼんえ（盂蘭盆会）といい、現在では一般的に８月13日～16日の期間をさすことが多い（７月の地域もある）。ご先祖様や亡くなった人の霊をむかえる行事で、仏教と日本古来の信仰が結びついたものと言われている。

お祭り

第31回浅草サンバカーニバル パレードコンテスト

8月25日(土)
台東区　馬道通り～雷門通り

©浅草サンバカーニバル実行委員会

浅草を代表する夏の風物詩 サンバカーニバル！

新しいもの好きの浅草っ子が1981年に始めた浅草サンバカーニバルは、今年で31回目を数え、いまや浅草を代表する夏の祭りの１つになっている。また、日本最大のサンバカーニバルパレードコンテストとして知られ、出演者数は約4700人、来場者数は約50万人という一大イベントだ。サンバは本場ブラジルからも高評価を得られほど本格的で、コスチュームやダンスは一見の価値あり。

お祭り

第37回千葉の親子三代夏祭り

8月18日(土)～19日(日)
中央公園、ハミングロードパルサ(栄町通り)・千葉銀座通りほか

「おどれ！　こどもの夢・未来」市民でつくる夏祭り

「こどもたちに夢を　ふるさとづくり」をテーマに実施されている「千葉の親子三代夏祭り」は、1976年に第１回が開かれてから今年で第37回を数える。毎年、中央公園を中心にパレードや威勢のいい神輿・山車・よさこい鳴子踊りなどイベントも盛りだくさん。数千人規模で街を踊り歩く親子三代千葉おどりはこのお祭りの見所であり、当日の飛び入り参加もできるので、ぜひいっしょに踊っちゃおう！

イベント

世界最大 恐竜王国2012

7月21日(土)～9月23日(日)
幕張メッセ 国際展示場10・11ホール

世界初公開の恐竜をはじめ世界各地の恐竜が大集合

世界各地から集まった全身骨格40種50体、約200点以上が展示されている大規模な恐竜の展覧会。この展覧会では、世界最大の羽毛恐竜ユティランヌス・フアリの全身化石と復元骨格が世界初公開となるほか、中国山東省諸城市の後期白亜紀の約7350万年前の地層から見つかった全長11mを超えるズケンティランヌスなど、普段なかなかお目にかかれない恐竜たちに出会える貴重な機会となっている。

<コーナー名>

<本文中記事>

みなさん、夏休みはいかがお過ごしでしょうか？　勉強ははかどっていますか？　もしこれまで思ったように勉強ができていなかったとしても、夏休みはまだ2週間もあります。「東大への近道」で東大生のtommyも「この瞬間から勝負」と書いています。また、特集では、みなさんがこれから頑張れるよう、2学期に頑張った先輩たちの経験談を載せてあります。これまで遅れてしまっていて「ヤバイ」と思っている人も、やろうと思ったいまが大切です。時間は有限で、受験までの時間は限られています。「いま」を大切にして頑張ってください。また、特集は中学1～2年生でも参考になる内容になっています。ぜひ読んでみてください。　（Y）

Information

『サクセス15』は全国の書店にてお買い求めいただけますが、万が一、書店店頭に見当たらない場合は、書店にてご注文いただくか、弊社販売部、もしくはホームページ（下記）よりご注文ください。送料弊社負担にてお送りします。

定期購読をご希望いただく場合も、上記と同様の方法でご連絡ください。

Opinion, Impression & etc

本誌をお読みになられてのご感想・ご意見・ご提言などがありましたら、ぜひ当編集室までお声をお寄せください。また、「こんな記事が読みたい」というご要望や、「こういうときはどうしたらいいの」といったご質問などもお待ちしております。今後の参考にさせていただきますので、よろしくお願いいたします。

サクセス編集室

TEL 03-5939-7928
FAX 03-5939-6014

高校受験ガイドブック2012 9 サクセス15

発行　2012年8月15日　初版第一刷発行
発行所　株式会社グローバル教育出版
〒101-0047 東京都千代田区内神田2-4-2
TEL 03-3253-5944
FAX 03-3253-5945
http://success.waseda-ac.net
e-mail success15@g-ap.com
郵便振替 00130-3-779535
編集　サクセス編集室
編集協力　株式会社 早稲田アカデミー

Success15

9月号

Next Issue

10月号は…

Special 1

普通科以外の専門学科

Special 2

夢を持つことの大切さ

School Express

日本大学第二高等学校

Focus on

東京都立両国高等学校

※内容は変更されることがあります。

9784903577005
ISBN978-4-903577-00-5
C6037 ¥800E
定価：本体800円+税
グローバル教育出版
1926037008002